L'ESPÈCE FABULATRICE

ISBN 978-2-7427-9109-5

NANCY HUSTON

L'ESPÈCE FABULATRICE

BABEL

à mon père

Rien n'est humain qui n'aspire à l'imaginaire.

ROMAIN GARY

LA QUESTION

SOUDAIN la détenue qui s'était tue jusque-là relève la tête, me regarde droit dans les yeux et dit : "A quoi ça sert d'inventer des histoires, alors que la réalité est déjà tellement incroyable ?"

Cette femme est prostrée, elle a tué quelqu'un, moi non, tous mes meurtres sont dans mes romans.

Je suis à la prison de Fleury-Mérogis. Les autres membres du club de lecture de la Maison d'arrêt des femmes me regardent. Toutes attendent ma réponse. Le silence se prolonge et je sens un gouffre s'ouvrir entre elles et moi car il n'y a pas de doute, leur réalité est plus incroyable que la mienne. Se bousculent dans mon esprit des scènes possibles de leur incroyable réalité, scènes de sang, de couteaux, de revolvers, de bombes, de cris, de hurlements, de drogue, de coups, de désordre, de pauvreté, d'angoisse, de mauvaises nuits, de cauchemars, d'alcoolisme, de viol, de désespoir, de confusion…

Que dire ? "Pour donner une forme à la réalité" ? Non, je ne peux pas dire ça. Ce serait absurdement insuffisant, blessant d'insuffisance, et de suffisance aussi, ce n'est certainement pas la bonne réponse, or cette femme veut désespérément une réponse.

Alors je cherche…

I

NAISSANCE DU SENS

On croit toujours qu'elles en ont lourd sur le cœur, les mouettes, alors que ça ne veut rien dire du tout, c'est votre psychologie qui vous fait cet effet-là. On voit partout des trucs qui n'existent pas, c'est chez vous que ça se passe, on devient une espèce de ventriloque qui fait parler les choses, les mouettes, le ciel, le vent, tout, quoi...

ROMAIN GARY

ANIMAUX nous sommes.

Mammifères, primates super-supérieurs, etc. Sans plus de raison d'être sur la planète Terre, ni d'y faire quoi que ce soit, que les autres espèces, sur cette planète ou une autre.

Mais nous sommes spéciaux.

Tous les animaux, diversement, constatent, enregistrent, réfléchissent. Leurs sens transmettent des informations lacunaires à leur cerveau, qui construit à partir d'elles l'image d'un monde complet. Cahin-caha, ils en tirent des conclusions, se les communiquent, coopèrent, s'efforcent de survivre de leur mieux.

Notre spécialité, notre prérogative, notre manie, notre gloire et notre chute, c'est le *pourquoi*.

Pourquoi le pourquoi ? D'où surgit-il ?
Le pourquoi surgit du temps.
Et le temps, d'où vient-il ?

De ce que, seuls de tous les vivants terrestres, les humains savent qu'ils sont nés et qu'ils vont mourir.

Ces deux savoirs nous donnent ce que n'ont pas même nos plus proches parents, chimpanzés et bonobos : l'intuition de ce qu'est *une vie entière*.

Nous seuls percevons notre existence sur terre comme une trajectoire dotée de sens (signification et direction). Un arc. Une courbe allant de la naissance à la mort. Une forme qui se déploie dans le temps, avec un début, des péripéties et une fin. En d'autres termes : *un récit*.

"Au commencement, le Verbe" veut dire cela : c'est le verbe (l'action dotée de sens) qui marque le commencement de notre espèce.

Le récit confère à notre vie une dimension de sens qu'ignorent les autres animaux. Pour cette raison je mettrai dorénavant, à ce sens-là, une lettre majuscule. Le Sens humain se distingue du sens animal en ceci qu'il se construit à partir de récits, d'histoires, de fictions.

*

L'univers comme tel n'a pas de Sens. Il est silence.

Personne n'a mis du Sens dans le monde, personne d'autre que nous.

Le Sens dépend de l'humain, et l'humain dépend du Sens.

Quand nous aurons disparu, même si notre soleil continue d'émettre lumière et chaleur, il n'y aura plus de Sens nulle part. Aucune larme ne sera versée sur notre absence, aucune conclusion tirée quant à la signification de notre bref passage sur la planète Terre ; cette signification prendra fin avec nous.

A l'instar de la nature, nous ne supportons pas le vide. Sommes incapables de constater sans aussitôt chercher à "comprendre". Et comprenons, essentiellement, par le truchement des récits, c'est-à-dire des fictions.

Il ne nous suffit pas, à nous, d'enregistrer, construire, déduire le sens des événements qui se produisent autour de nous. Non : nous avons besoin que ce sens *se déploie* – et ce qui le fait se déployer, ce n'est pas le langage mais le récit. C'est pourquoi tous les humains élaborent des façons de *marquer* le temps (rituels, dates, calendriers, fêtes saisonnières, etc.) – marquage indispensable à l'éclosion des récits.

Les singes peuvent apprendre des milliers de mots et manipuler tant bien que mal des signes linguistiques, mais ils ne se racontent pas d'histoires.

Ils ne peuvent même pas se dire : "On se retrouve ici demain à la même heure" !

Quand des antilopes arrivent devant un lit de rivière desséché, elles cherchent de l'eau ailleurs ou elles meurent de soif. Les humains, devant le même constat désolant, tout en cherchant de l'eau ailleurs, et avant de mourir de soif, *interprètent*. Ils prient, dansent, cherchent des coupables, se lancent dans des rituels de propitiation pour convaincre les esprits d'envoyer de la pluie…

Le sens est promu en Sens.

Tout est par nous ainsi traduit, métamorphosé, métaphorisé. Oui, même à l'époque moderne, désenchantée, scientifique, rationnelle, inondée de Lumières.

Car la vie est dure, et ne dure pas, et nous sommes les seuls à le savoir.

*

Réel-réel : cela n'existe pas, pour les humains. Réel-fiction seulement, partout, toujours, dès lors que nous vivons dans le temps.

La narrativité s'est développée en notre espèce comme technique de survie. Elle est inscrite dans les circonvolutions mêmes de notre cerveau. Plus faible que les autres grands primates, sur des millions d'années d'évolution, l'*Homo sapiens* a compris l'intérêt vital qu'il y avait pour lui à doter, par ses fabulations, le réel de Sens.

C'est ce que nous faisons tous, tout le temps, sans le vouloir, sans le savoir, sans pouvoir nous arrêter.

La vie des primates sur la planète Terre est remplie de dangers et de menaces. Tous les primates tentent de s'en protéger en s'envoyant des signaux. Nous seuls fantasmons, extrapolons, tricotons des histoires pour survivre – et croyons dur comme fer à nos histoires.

Parler, ce n'est pas seulement nommer, rendre compte du réel ; c'est aussi, toujours, le façonner, l'interpréter et l'inventer.

Le réel est sans nom. Le nom "juste" ou "naturel" – d'un objet, acte ou sentiment – n'existe pas.

Aussi loin que l'on remonte dans les étymologies, de mot en mot on ne trouve que d'autres mots c'est-à-dire d'autres signes arbitraires, découpant le monde, construisant leurs objets au lieu de les trouver.

C'est nous seuls qui les avons engendrés. Ils sont réels, puisqu'ils font partie de notre réalité, mais ils ne sont pas "vrais".

Sans hommes : pas de nom.

Dieu qui nomme les premiers hommes, etc., c'est une fiction. Nous ne sommes pas Sa création, Il est la nôtre.

Dieu ne peut pas *être*, ailleurs que dans nos histoires. Pour être Dieu il faut parler et pour parler il faut une langue et pour avoir une langue il faut déjà faire partie de l'histoire humaine.

Dieu et les dieux font de fait partie de cette histoire – même s'ils refusent systématiquement de l'admettre.

Votre nom, aussi, est une fiction. Il aurait pu être autre. Vous pouvez le changer. Les femmes en changent souvent. En se mariant, elles passent d'une fiction à une autre.

Le baptême, le mariage : actes magiques.

Toute nomination est un acte magique.

Les êtres humains sont des magiciens qui s'ignorent.

L'argent est une fiction : de petits bouts de papier dont on a décrété qu'ils représentaient l'or. L'or est une fiction. Dans l'absolu il ne vaut pas plus que le sable. La Bourse est une gigantesque fiction.

Les êtres humains sont des alchimistes qui s'ignorent : par leurs fabulations, ils transforment tout en argent c'est-à-dire en or.

Ce ne sont pas des mensonges, car nous y croyons en toute bonne foi. C'est dans notre intérêt d'y croire.

Si le langage se contentait de refléter la réalité, pourquoi chaque langue engendrerait-elle des mots qu'il ne faut pas prononcer ?

Les jurons sont l'une des grandes preuves de l'humanité.

Ordinateurs et chimpanzés sont incapables de mentir, d'écrire de la poésie, de proférer des injures. Trois formes de magie banale et répandue chez nous, qui, toutes, impliquent d'employer à dessein un mot pour un autre.

Raconter : tisser des liens entre passé et présent, entre présent et avenir. Faire exister le passé et l'avenir dans le présent. (Singulièrement : par l'écriture.)

Les autres grands primates vivent dans le présent. Ils peuvent tirer des leçons du passé pour mieux gérer ce présent, mais ils ne se projettent ni dans le passé (surtout celui d'avant leur naissance !) ni dans l'avenir (surtout celui d'après leur mort !).

Du coup, chez eux : nulle angoisse de la mort, nulle nostalgie et nul espoir... tous affects liés à la narrativité, cette manie spécifiquement humaine de doter le réel de Sens.

Le Sens est notre drogue dure. Sous forme d'idéal politique ou religieux, elle est non seulement dure mais pure. Pour s'en procurer, certains iront jusqu'à tuer père et mère, voire à sacrifier leur propre vie (les kamikazes).

*

Les grands primates valorisent le groupe auquel ils appartiennent et sont prêts à se battre avec férocité pour le défendre contre d'autres groupes. Ils savent forger des liens, consoler, attaquer, s'entraider, se trahir... En un mot, ils connaissent l'empathie et sont capables de se mettre à la place d'autrui – capables, donc, comme nous, de cruauté et de compassion. Ce qui est spécifiquement humain, ce n'est pas d'être gentil ou méchant, cruel ou compatissant, c'est de se dire qu'on l'est *pour* quelque chose ; or cette chose (religion, pays, lignée) est toujours une fiction.

*

Qu'apporte donc l'entrée de l'*Homo sapiens* dans le temps, dans le Sens ? Ceci, que n'ont pas les singes : un *soi*.

Moi, je est une fiction.

La vérité (surprenante !) est qu'il est plus facile de se mettre à la place d'autrui qu'à la sienne. Pour se mettre à la place d'autrui, on n'a pas besoin de narrativité. Pour se mettre à la sienne, si. La différence entre les singes et nous est exactement la différence entre l'intelligence et la conscience. Entre le *fait* d'exister et le *sentiment* d'exister. Entre "veux faire ça" et… "pourquoi suis-je là ?"

La conscience, c'est *l'intelligence plus le temps*, c'est-à-dire : la narrativité.

Elle s'absorbe en même temps que le langage. Ce n'est pas : d'abord j'apprends les mots individuels, ensuite j'apprends à les enchaîner en des histoires ; c'est... *moi, je* : déjà toute une histoire !

Fœtus humain, fœtus chimpanzé : identiquement lovés dans le ventre de leur mère ; identiquement expulsés, nettoyés, nourris et soignés par leur mère. Mais à leur rejeton les parents chimpanzés ne donnent pas un nom, ne chantent pas *Fais dodo, Colas mon p'tit frère*, ne disent pas *Mon bébé, mon petit bébé chéri*, n'apprennent pas sa généalogie.

Le petit humain apprendra à dire *moi, je* ; le petit chimpanzé, non.

En pénétrant dans notre cerveau, les fictions le forment et le transforment. Plutôt que nous ne les fabriquions, ce sont elles qui nous fabriquent – bricolant pour chacun de nous, au cours des premières années de sa vie, un *soi.*

On ne naît pas (un) soi, on le devient. Le soi est une construction, péniblement élaborée. Loin d'être toujours-déjà là, en attente de s'affirmer, c'est d'abord un cadre vide et ensuite une configuration mobile, en transformation permanente, que l'on ne fixe que par convention.

Pour disposer d'un soi, il faut apprendre à fabuler. On l'oublie après, commodément, mais il nous a fallu du temps, et beaucoup d'aide, pour devenir quelqu'un. Il nous a fallu des couches et des couches et des couches d'impressions reliées en histoires. Chansons. Contes. Exclamations. Gestes. Règles. Socialisation. Propre. Sale. Dis pas ceci. Fais pas cela. Bing, bang, bong.

C'est cela, l'humanisation. C'est grâce à elle que, seulement petit à petit, adviendra le *moi, je*. Ses souvenirs seront eux aussi organisés en récits.

Le soi est une donne chromosomique sur laquelle sont accrochées des fictions.

Donc : pas deux soi identiques (même avec le clonage), car pas deux séries de fictions identiques.

Devenir soi – ou plutôt se façonner un soi – c'est activer, à partir d'un contexte familial et culturel donné, toujours particulier, le mécanisme de la narration.

*

Ceux qui disent : “Comme c’est étrange” (ou “comme c’est regrettable” ou “comme c’est incroyable” ou “comme c’est injuste”) que l’on ne se souvienne pas de la petite enfance… ne savent pas ce qu’est un être humain.

Pas de souvenirs de la petite enfance car pas encore de soi sur qui accrocher des fictions. Notre façon d’enregistrer le monde était alors si différente qu’elle est devenue pour nous, adultes, illisible. On ne peut que la deviner à travers les traces fugitives qui en remontent : rêves, œuvres d’art, maladies mentales.

Notre mémoire est une fiction. Cela ne veut pas dire qu’elle est fausse, mais que, sans qu’on lui demande rien, elle passe son temps à ordonner, à associer, à articuler, à sélectionner, à exclure, à oublier, c’est-à-dire à construire, c’est-à-dire à fabuler.

On dit bien : “Raconte-moi *l’histoire* de ta vie”, car raconter *une vie* est impossible (même *après* l’âge de six ans, quand le *moi, je* est là, bien installé avec ses souvenirs propres).

Tolstoï, dans sa jeunesse, a une fois tenté d'écrire *L'histoire de la journée d'hier* et a abandonné au bout de quelque deux cents pages, ayant compris qu'il s'était fixé un objectif impossible.

Je jure de dire toute la vérité? Il nous est loisible de dire des choses vraies, mais non la vérité, et surtout pas toute, même au sujet de ce qui s'est passé au cours des cinq dernières minutes dans le lieu où nous nous trouvons. On ne peut la dire car elle est infinie. Pour rester *soi*, on doit en oblitérer presque tout.

Chaque infime détail de votre expérience entre la vie et la mort requerrait une infinité de temps si vous deviez l'expliquer exhaustivement. Ainsi, pour me faire comprendre qui vous êtes, pour me raconter "l'histoire de votre vie", non seulement vous oubliez des millions de choses mais vous laissez de côté des millions d'autres. Forcément, vous choisissez les événements que vous estimez les plus saillants, ou pertinents, ou importants… et vous les agencez en récit.

Vous fabulez, en toute innocence. Par les mêmes procédés qu'emploient les romanciers, vous créez la fiction de votre vie.

Le récit d'enfance (comme le récit de rêve) fournit aux psychanalystes un terrain d'élection pour étudier la démarche narrative, le *style* de chaque patient. Peu ou pas de faits vérifiables ; pas de contrôle possible ; quartier libre à l'interprétation !

Freud écoutait, médusé, le roman familial de ses patients. Sa découverte, immense : *ce qui est déterminant est ce qui fait Sens pour le sujet, et seulement cela*.

Tous, nous échafaudons des romans pour raconter notre séjour sur terre. Mieux : nous *sommes* ces romans ! *Moi, je* est ma façon de (conce)voir l'ensemble de mes expériences.

La conscience n'est rien d'autre que le penchant prononcé de notre cerveau en faveur de ce qui est stable, continu, raisonnable et racontable.

Quand le *moi* romancier défaille, n'arrive plus à conduire efficacement (et imperceptiblement) son travail de construction, d'ordonnance, d'invention, d'exclusion, d'interprétation, d'explication, etc., "la réalité" devient du n'importe quoi.

Dans les stades ultimes de la maladie d'Alzheimer, par exemple, nous continuons de parler, mais nous cessons d'interpréter. La personne est vivante, mais l'histoire de sa vie est terminée.

*

Où est le réel humain ? Dans les fictions qui le constituent.

Personne n'est responsable de ces fictions ; elles ne sont pas l'effet d'un complot des puissants contre les impuissants ; personne n'a pris la décision de les élaborer. Elles imprègnent notre monde de part en part. Dire d'un monde qu'il est humain, c'est dire qu'il est imprégné de fictions de part en part.

Quand je dis fictions, je ne dis pas *de l'air*. Je ne dis pas, comme ce gros bras transpirant et ahanant qui a trimballé, une journée durant, mes dizaines de cartons de livres d'un appartement à l'autre : "Des bulles, tout ça ! Pouf !"

Quand je dis fictions, je dis réalités humaines, donc construites.

J'en vis aussi, comme tout le monde.

Les Huns, les Mongols, les nazis, les membres du NKVD – barbares du Nord et du Sud, d'hier et d'aujourd'hui – étaient fermement convaincus de vivre dans le réel, alors que leur tête bourdonnait de mythes (historiques, biologiques, scientifiques) pour rationaliser, justifier et glorifier leurs déprédations, leurs massacres, leurs spoliations, leurs bains de sang.

Les gens qui se croient dans le réel sont les plus ignorants, et cette ignorance est potentiellement meurtrière.

Pour nous autres humains, la fiction est aussi réelle que le sol sur lequel nous marchons. Elle *est* ce sol. Notre soutien dans le monde.

Aucun groupement humain n'a jamais été découvert circulant tranquillement dans le réel à la manière des autres animaux : sans religion, sans tabou, sans rituel, sans généalogie, sans contes, sans magie, sans histoires, sans recours à l'imaginaire, c'est-à-dire sans fictions.

Elaborées au long des siècles, ces fictions deviennent, par la foi que nous mettons en elles, notre réalité la plus précieuse et la plus irrécusable. Bien que toutes tissées d'imaginaire, elles engendrent un *deuxième niveau de réalité*, la réalité humaine, universelle sous ses avatars si dissemblables dans l'espace et dans le temps.

Entée sur ces fictions, constituée par elles, la conscience humaine est une machine fabuleuse… et *intrinsèquement fabulatrice*.

Nous sommes l'espèce fabulatrice.

II

MOI, FICTION

La vérité ? Quelle vérité ? La vérité, c'est peut-être que je n'existe pas !

ROMAIN GARY

L'IDENTITÉ nous vient des histoires, récits, fictions diverses qui nous sont inculqués au cours de notre prime jeunesse. On y croit, on y tient, on s'y cramponne – alors que, bien sûr, adopté tout bébé à l'autre bout du monde, ayant appris qu'on était australien et non canadien, protestant et non juif, de droite et non de gauche, etc., on serait devenu quelqu'un de différent.

Dans *La vie devant soi* de Romain Gary, des enfants de putes du quartier de Belleville vivent en pension chez Madame Rosa, juive vieillissante et ancienne prostituée elle-même. Son préféré

est "Momo", Mohammed, quatorze ans, qui n'a jamais connu ses parents. Le sachant d'origine musulmane, elle l'a toujours encouragé à fréquenter le vendeur de tapis Monsieur Hamil, vieil Arabe qui lui apprend des versets du Coran et l'amène parfois à la mosquée. Un beau jour, le père de Momo débarque : il est malade et souhaite reprendre son fils... Madame Rosa est indignée, car non seulement cet homme a assassiné son épouse, la mère de Momo, mais il n'a jamais payé les traites pour l'enfant. Voici la ruse magnifique que trouve Madame Rosa pour ne pas perdre Momo : elle l'appelle "Moïse" et assure son père qu'elle l'a élevé comme un bon petit juif, qu'il a toujours mangé casher, qu'il a fait sa bar-mitsvah, etc. Le père est horrifié : "Je vous ai donné un fils arabe en bonne et due forme et je veux que vous me rendiez un fils arabe. Je ne veux absolument pas un fils juif !"
– Ah là là, dit Madame Rosa (très maligne, très au fait de l'identité comme fiction) : "J'ai dû élever Mohammed comme Moïse et Moïse comme Mohammed. Je les ai reçus le même jour et j'ai mélangé..." Epouvanté, le père fait une crise d'apoplexie et meurt.

*

Nomination : magie.

Le langage ordonne notre expérience, nous permet de communiquer. Tant que nos définitions coïncident, on se comprend, et ça marche.

Le langage met de l'ordre. Mais, on l'oublie trop souvent : *ordre* n'est pas synonyme de *vérité.*

Chez les humains, aucune vérité n'est donnée.

Toutes, par le truchement des fictions, sont construites.

*

Imaginons qu'en vue de me remettre une carte d'identité, vous me demandiez de remplir les cases d'un formulaire.

Condition : je dois le faire en dehors de toute fiction, car vous souhaitez savoir qui je suis "vraiment".

Je me lance, d'accord. De quoi puis-je être absolument certaine, me concernant ?

Que puis-je vous dire de moi qui relève de la réalité réelle, pure et dure ?

Mon prénom ?

C'est la première fiction.

Comme le romancier avec le nom de ses protagonistes, les parents (*auteurs* de nos jours) hésitent, parfois jusqu'à la dernière minute, sur le nom à donner à leur enfant.

Une fois ce nom donné, il devient réalité. Derechef : aucune contradiction entre réalité et fiction ; la fiction, c'est le réel humain.

L'acte d'enregistrement à la mairie ressemble à la publication du livre : les dés sont jetés, c'est irrémédiable. Le 15 septembre 1953, j'aurais encore pu m'appeler Alice. A partir du 16, je m'appelle Nancy, *vraiment*.

N'ayant que quelques heures d'âge, je ne le sais pas, ne le comprends pas encore, n'ai pas encore de *moi* pour le comprendre – mais, petit à petit, ces sons vont s'imprimer dans mon cerveau ("se cristalliser dans mon esprit", disons-nous, plus poétiquement) et contribuer à créer mon *moi*.

Nous *n'avons* pas de nom.

Nous *recevons* un nom qui, avant d'échouer sur nous, a été rempli de Sens. Auparavant, il appartenait à un saint, à une aïeule, à la dédicataire d'une chanson célèbre, à un personnage de roman ou d'opéra ou de série télévisée…

Par définition il nous vient d'ailleurs, d'avant, d'un(e) autre. Nous entrons dans la vie par un lien au passé.

Les parents n'ont pas le droit d'inventer de toutes pièces les prénoms de leurs enfants.

Mes parents n'auraient pas pu m'appeler *Bzyingak*.

Le prénom est un excellent exemple de l'arbitraire qui se transforme en nécessité, de la fiction qui façonne le réel. Même s'il est évident que notre prénom aurait pu être autre, il est ce qu'il est, et on ne peut faire comme s'il nous était indifférent. Tous les mots ayant la même lettre initiale que lui, ou rimant avec lui, seront fortement marqués dans notre esprit. (Je sursaute chaque fois qu'on hèle un "Taxi !" dans la rue.)

Va pour *Nancy*, petit nom de ma grand-mère maternelle, et pour *Louise*, deuxième prénom de ma grand-mère paternelle. Chacune de ces dames tenait son prénom d'une autre, qui le tenait d'une autre encore et ainsi de suite : nous voilà magiquement reliées, de décennie en décennie et de siècle en siècle, par de petits clignotements de Sens fictif.

Pas plus que Rome, le *je* n'est construit en un jour.

Bien que dotée maintenant d'un prénom, il me reste énormément de choses à apprendre avant de pouvoir dire *je* en connaissance de cause.

Où commence mon corps et où s'arrête celui de ma mère, par exemple.

Et aussi – très important – le contrôle de mes sphincters (comment retenir mon envie de faire pipi et caca n'importe où et n'importe quand).

Les mamans chimpanzés ne disent pas à leurs petits : *Essuie-toi bien et n'oublie pas de tirer la chasse.* Ou : *Tu seras privée de dessert parce que tu as fait pipi au lit.*

Pas de *nom* sans *non*, c'est-à-dire sans tabou, c'est-à-dire sans fiction.

Car les tabous sont eux aussi des fictions, inventées pour structurer la vie en société. Ils varient énormément d'une société à l'autre ; l'essentiel, c'est *qu'il y en ait.*

Mon patronyme ?

Bientôt j'apprendrai aussi mon nom de famille – celui qui me lie, précisément, aux autres membres de ma famille, et qui me vient de mon père.

Le nom de famille de ma mère, tout aussi valable (ou aussi peu valable), sera jeté aux oubliettes.

C'est ainsi que procède notre civilisation depuis quelques siècles. Ailleurs, on procède autrement, par de savantes combinaisons de patronymes et de matronymes. Il s'agit dans tous les cas d'une convention, d'une commodité.

Imaginez, s'il fallait réciter les noms de tous nos ancêtres, les présentations seraient interminables ! Notre nom serait légion, comme celui du diable. Il faut simplifier. Ainsi, chez nous, deux noms : prénom et patronyme (en Russie : trois).

L'essentiel c'est de choisir. Quel que soit le contenu du choix, on l'entérinera comme une nécessité. Va pour Huston. Un nom comme un autre, venu d'Irlande avec mes ancêtres du côté paternel. Nom à l'orthographe flottante, comme souvent dans les populations majoritairement illettrées : Houston, Hueston, etc. Etymologie probable : Hugh's Town, la ville de Hugues.

Mais qu'est-ce que ce Hugues ? "Qu'est-ce que Montaigu ? s'indigne Juliette amoureuse de Roméo. Ce n'est ni une main, ni un pied, ni un visage, ni aucune de ces parties qui appartiennent à un homme." Que m'est ce satané Hugh d'antan, pour que je doive m'appeler comme lui depuis le jour de ma naissance jusqu'à celui de ma mort (à moins de prendre le nom de mon époux, auquel cas je m'appellerai, ô fiction sublime, Todorov c'est-à-dire Don de Dieu) ?

Peu importe : l'important c'est d'en avoir, un nom. De se sentir, par lui, lié à ses géniteurs. Ce qui est le cas, ici comme partout.

Si j'avais été abandonnée à la naissance et élevée dans une autre famille, j'aurais porté le patronyme de cette famille-là. Simpson, par exemple. *Simpson* aurait fait partie de mon identité aussi fortement que le *Huston* que, de fait, je porte. Si ça se trouve, il aurait eu une particule ; *Mme de Simpson* ; j'aurais pu en tirer de la fierté. Sans parler d'un titre : *Mme la marquise de Simpson* !

Le nom de Huston me contraindra, entre autres, à ne pas copuler avec d'autres Huston de mon entourage, membres de ma famille la plus proche.

Structures élémentaires de la parenté... ainsi commencera la circulation des femmes, et des mots, c'est-à-dire des récits – circulation qui permet de renforcer les liens entre groupes humains.

Nous n'avons pas de nom "réel", un nom qui serait "vraiment nous".

Nous habitons notre nom ; ou plutôt nous apprenons à l'habiter.

Je m'appelle bel et bien Nancy Huston, c'est ainsi. Ç'aurait pu être autrement.

"Les noms : tous des pseudos" (Romain Gary).

Ma date de naissance ?

Seuls les êtres humains mesurent le temps.

Dans l'éternité de l'univers : pas de date.

La date de ma naissance repose sur une autre série de conventions humaines.

En raison de la domination de l'Eglise romaine il y a quinze siècles, il a été décidé en haut lieu que la naissance d'un certain Jésus marquerait l'an zéro.

Il se trouve que je suis sortie du ventre de ma mère 1 953 ans après que ce Jésus est sorti du ventre de la sienne.

Mais d'après le calendrier hébraïque je suis née dans une autre année, d'après le calendrier musulman, une autre encore, etc.

Si je parviens à sauver l'humanité, peut-être dira-t-on un jour de Jésus qu'il est né en 1953 av. N. H. ?

Mon lieu de naissance ?

Je puis réciter, comme s'amusent à le faire les enfants, l'emboîtement des lieux les uns dans les autres, et déclarer fièrement : Je suis née dans la ville de Calgary dans la province d'Alberta dans le pays du Canada dans le continent d'Amérique du Nord sur la planète Terre dans la galaxie de la Voie lactée...

Mais tous ces noms sont eux aussi des façons de parler (*Calgary* veut dire "clair ruisseau", la *Voie lactée* n'est ni une voie ni lactée), et ont eux aussi une histoire.

Une histoire pas bien longue, en l'occurrence. Un petit siècle avant ma naissance, "Calgary" et "Alberta" n'existaient pas, le 49e parallèle marquant la frontière sud du Canada n'avait pas encore été tracé, et ces régions portaient d'autres noms, donnés par leurs habitants d'alors, les tribus indiennes (fiction, là encore, de les appeler "indiennes", Colomb ayant cru se diriger vers les Indes).

Les noms de votre pays, ville, continent à vous sont plus "anciens", dites-vous ? Et alors ? Cela vous confère peut-être une supériorité sur moi ? Ils n'en sont pas moins l'effet de fictions, car advenus à un moment précis de l'Histoire.

Aux yeux de l'éternité, 2 000 ans av. J.-C. et 2 000 ans après, c'est kif-kif.

Il se trouve que les tribus blackfoot, cree, gros-ventre, etc., ne contestent pas actuellement notre décision d'appeler cette région "l'Alberta" (en l'honneur de je ne sais plus quelle princesse britannique).

Les voies de la raison / le droit divin / les représentants de la reine d'Angleterre (au choix) ont décidé que l'homme blanc pouvait parquer les indigènes dans des réserves et s'installer dans cette région et lui donner un nouveau nom. Cela n'en fait pas une réalité anhistorique et naturelle.

Dans d'autres parties du monde, au Moyen-Orient par exemple, on se tue tous les jours pour ce genre de décision.

"Mes ancêtres ont vécu ici il y a cinquante ans.

— Oui, mais les miens ont vécu ici il y a deux mille ans.

— D'après le cadastre d'Abraham, nous avons le droit de vivre ici.

— Nous, notre Dieu a décrété que le pays était à nous."

Les chimpanzés ne voient pas les choses de cet œil. Certes, ils habitent un territoire et sont prêts à se battre pour le défendre – mais ils n'habitent pas un pays.

Pour investir de Sens les toponymes, il faut savoir à quelles histoires ils renvoient, quels liens ils supposent et imposent ; il faut ensuite les assumer.

A vrai dire, les bébés humains n'habitent pas non plus un pays. Toute petite, je n'habitais ni Calgary, ni le Canada ; c'est seulement peu à peu que j'ai capté et conceptualisé les cercles concentriques dont mon cerveau pensant était le foyer : corps, lit-cage, chambre, tout au plus maison… mais j'ignorais encore tout du monde alentour.

A partir de l'âge de cinq ou six ans, les enfants humains apprennent à se reconnaître aussi dans leur quartier, village ou ville, pays... et à en être fiers. Dans mon cas, l'acquisition de cette fierté a été malaisée car ma famille déménageait sans arrêt, zigzaguant à travers le continent depuis l'Alberta jusqu'à l'Ontario en passant par le Texas, revenant dans l'Alberta pour finalement échouer dans le New Hampshire, à trois mille kilomètres de là. De quoi pouvais-je être fière quand je me trouvais tous les deux ou trois ans dans une école différente et devais faire mes preuves en tant que "nouvelle élève" ? Ce n'était pas évident... Mais je m'en félicite aujourd'hui – car, m'habituant ainsi à me mettre à la place des autres, à voir le monde à travers leurs yeux en plus des miens, à changer constamment de "point de vue", je me suis rodée pour le métier de romancière.

De quoi suis-je convaincue, encore, au sujet de mon identité ?

Ma généalogie ?

Que je suis la fille d'une telle et d'un tel ?

Indiscutablement je suis, de ces deux individus-là, le croisement chromosomique. Mais ce n'est pas cela – ou en tout cas pas *essentiellement* cela – qui fait d'eux mes parents car, là encore, avec ces mêmes empreintes génétiques, cette même structure ADN, j'aurais pu être adoptée par un couple des îles Trobriand et mes convictions au sujet de mon identité eussent été tout autres. Non, ces deux-là sont mes parents *essentiellement* parce que, les premiers, ils m'ont parlé(e). Grâce à eux, j'ai entendu et engrangé un certain nombre d'*histoires* au sujet de ma famille, de ma lignée – histoires qui ont pénétré jusqu'au tréfonds de ma conscience et m'ont faite ce que je suis.

Mon sexe ?

Ah ! ah ! ah ! Laissez-moi rire. Je suis de sexe femelle, c'est indubitable. Mais, entre nous, il n'y a pas de quoi faire tout un tintouin. Pour le meilleur et pour le pire, le propre de notre espèce est de faire, de tout, un tintouin.

Ma religion ?

Les religions sont une des principales sources des fables reliant les gens entre eux.

Mon père ayant grandi dans une famille méthodiste et ma mère dans une famille presbytérienne, ils ont décidé de faire un compromis : leurs trois enfants ont donc été baptisés dans encore une *autre* Eglise, l'unitarienne. Après leur divorce, mon père a épousé une catholique ; deuxième compromis, re-baptême des trois enfants, cette fois à l'Eglise anglicane. Quelques années après ma première communion, j'ai suivi un cours de philosophie et perdu la foi ; plus tard mon père s'est converti au bouddhisme, ses autres enfants ont suivi chacun une voie spirituelle différente, etc.

Par chance, il m'a été donné de comprendre très tôt le caractère fictif de l'appartenance religieuse.

Ma race, mon appartenance ethnique ?

Voyons. Je suis un mélange, comme tout le monde. Mes ancêtres sont venus au Canada d'un peu partout en Europe, notamment de pays qui étaient "ennemis" entre eux (l'Ecosse et l'Irlande, l'Angleterre et l'Allemagne). Les messieurs, en arrivant au Nouveau Monde, ont très probablement fricoté avec quelques Indiennes... Eh oui : malgré leurs tentatives désespérées pour bien gérer cette affaire, les humains ont tendance à copuler à tort et à travers et à faire des enfants de même. La pureté du sang est une des fictions les plus puissantes et les plus pernicieuses qui soient.

Ma peau est ce que, par une approximation douteuse, l'on appelle blanche. Du coup, *nolens volens*, mon histoire est indissociablement liée à celle des Blancs de par le monde. Je le sentirai, de façon désagréable et dans l'impuissance la plus totale, chaque fois que je me baladerai à Harlem (Etats-Unis), au Diamant (Martinique) ou à Johannesburg (Afrique du Sud)…

Ma langue ?

L'allemand et le gaélique de mes arrière-grands-parents ayant été éliminés du tableau, *melting-pot* oblige, je n'apprendrai dans un premier temps que la langue anglaise, dans sa version canadienne-milieu-du-XXe-siècle qui était la résultante d'innombrables compromis entre les versions britannique, américaine, écossaise, aristocrate, cockney, etc., dont chacune était déjà la résultante d'apports nombreux et variés au cours des siècles (influences latines, grecques, saxonnes, celtes…).

Or cette langue me marquera de façon indélébile. Non, ce n'est pas assez de dire qu'elle me marquera : elle me *formera*, rodant les circuits de l'hémisphère gauche de mon cerveau, là où pour le reste de ma vie seront élaborés les idées, opinions, perceptions et jugements verbaux que je considérerai comme mon "moi".

A l'âge de six ans, je ferai un séjour de quelques mois en Allemagne et apprendrai l'allemand ; ensuite, tout au long de ma scolarité canadienne, j'apprendrai le français car – en raison des rivalités coloniales non résolues entre la France et la Grande-Bretagne au XVIIIe siècle – mon pays est partiellement francophone.

Ces langues étrangères (le français et l'allemand, de même que des bribes d'italien, d'espagnol et de portugais), au lieu d'être concentrées à gauche comme la langue maternelle, seront "bilatéralisées", c'est-à-dire distribuées sur les deux hémisphères de mon cerveau. Acquises après l'apprentissage de la propreté, elles ne seront liées à aucun tabou intériorisé ; c'est pourquoi leurs jurons me paraîtront simplement "pittoresques" et ne me frapperont pas, comme le font les jurons de langue anglaise, en pleine figure.

Parler une ou plusieurs langues étrangères anéantit la fausse évidence de la langue maternelle et vous aide à la percevoir pour ce qu'elle est : *une prise sur le réel parmi d'autres.*

Mon métier ?

C'est en écrivant que l'on devient écrevisse, disait Alphonse Allais. C'est le faire qui fait l'être. En effet, je "suis" écrivaine parce que j'écris.

Si je tombe malade et ne peux plus écrire, si je prends ma retraite, je deviens quoi ? Un acteur qui ne trouve pas de travail... un ouvrier qui est licencié... ils deviennent quoi ? Le dogme marxiste selon lequel les êtres humains doivent leur identité à leur activité économique ouvre de nouvelles possibilités d'existence fictive et cohérente... et, quand ces activités s'effondrent, de nouvelles possibilités de folie.

Plus le texte d'un rôle est déterminé d'avance, prescrit de l'extérieur, figé, plus ceux qui l'endossent sont tenus de porter le *costume* du rôle. Ainsi : soldats, papes, évêques, juges, putes, etc. (cf. Genet, *Le balcon*). L'écrivain, qui invente son texte au fur et à mesure, n'a pas de costume particulier.

Mes diplômes, prix, décorations ?

Ah oui, bien sûr. Très jolis, très clinquants. Et quoi encore ? Autant d'accoutrements que l'on accroche sur ce personnage que l'on appelle *moi*, pour qu'il puisse bomber le torse en sortant sur la scène du monde.

Mon affiliation politique ?

Voyons. Je peux la signifier en accrochant à ma fenêtre le drapeau français ou canadien ou québécois… en collant sur le pare-chocs de ma voiture une affichette avec un poing qui tient une rose… en portant un keffieh palestinien, une écharpe rouge, une croix de Lorraine, un t-shirt à l'effigie de Jean-Marie Le Pen. Voilà qui me rassurera, et vous renseignera, quant à mon identité sur ce plan-là.

Encore des fictions éminemment utiles et efficaces qui, comme les religions, confèrent forme et Sens à notre vie.

Et voilà : je ne puis prononcer un seul mot à mon sujet sans entraîner l'infini bagage de l'histoire mondiale.

J'ai terminé de remplir mon formulaire, et il est vide.

III

JOHN SMITH

Un enfant s'aventurait dehors chaque jour,
Et le premier objet qu'il contemplait, il le devenait...

WALT WHITMAN

VOICI les phrases que j'entends le plus souvent à mon sujet : "Elle cherche son identité" ; "Elle est déchirée entre plusieurs identités"...

Non, non, je ne me porte pas mal du tout, merci. Simplement, le fait d'avoir occupé plusieurs cases sur l'échiquier identitaire me permet de voir le caractère fictif de l'identité des autres, et d'éviter quelques-uns de ses pièges (racisme, fierté patriotique, délires mégalomanes, etc.). Il est vrai que cela me fragilise aussi – car les fictions confèrent des forces réelles et, quand on est *trop* multiple (comme l'était sans doute Romain Gary), on risque le vertige, la folie, la dissociation, le suicide.

Tout de même, me direz-vous : romancière, expatriée, pluriconfessionnelle et bilingue, vous n'êtes pas exactement typique !

D'accord. Prenons un cas plus typique que le mien.

Puisque vous êtes français(e), je le choisis américain, afin que ses fictions vous soient plus faciles à percevoir.

(Si vous êtes américain[e], je m'excuse.)

Voici un homme, John Smith, qui n'est ni ce que l'on appelle réel (il n'a pas historiquement existé), ni ce que l'on appelle fictif (ce n'est le personnage d'aucun roman) ; mettons qu'il est *plausible.*

Je dessine à grands traits l'histoire de cet homme pour montrer à quel point, dans notre espèce, la frontière entre réalité et fiction est perméable.

Soit un être humain.

Très peu de temps après sa conception dans l'Etat du Kentucky, ses parents

Mr. et Mrs. Smith (qui, elle, s'appelait autrement avant) voient apparaître à l'échographie la minuscule forme palpitante de leur rejeton. S'entendant déclarer : "C'est un garçon !", ils choisissent son prénom (John, en souvenir d'un oncle préféré du père), lui préparent une layette bleue, et commencent à rêver à son avenir.

Mr. et Mrs. Smith sont blancs, chrétiens, américains et fiers de l'être ; ils sont fous de joie à la perspective d'avoir un fils ; il va de soi qu'ils apprendront à ce fils à être fier des mêmes choses qu'eux.

Petit John naît le 15 août 1980. Coïncidence : c'est également l'anniversaire de sa tante Susie ! "Il n'y a pas de hasard", bien sûr.

Dès qu'il émerge du vagin de sa mère, on le couvre de caresses et de baisers, on lui parle, on lui chante. Il est happé par le langage, en l'occurrence l'anglais américain avec l'accent sudiste.

On lui raconte des histoires et on lui chante des berceuses dans cette langue. Il n'en apprendra jamais d'autre. (L'arabe qu'il entendra parler plus tard lui paraîtra du plus pur charabia.)

On lui dit son nom – *John little John little Johnny Jon-Jon darling* – tellement souvent qu'il finit par piger le truc.

On lui présente les autres membres de sa famille, *Voici ton oncle Tom, ta sœur Val, ton cousin Chip* et ainsi de suite ; peu à peu il perçoit la constellation ; il n'a guère le choix.

On lui remplit la tête de Petits Chaperons rouges et de loups méchants et de sorcières transformant des crapauds en princes et de Jésus transformant l'eau en vin et de Clark Kent se transformant en Superman et d'acteurs de cinéma se transformant en présidents des Etats-Unis.

Tout cela se mélange et se superpose dans son esprit ; décidément, il y a de la magie partout.

On lui apprend à prier et à compter, à espérer et à s'excuser, à se sentir supérieur aux Noirs et inférieur à ses parents ; il n'a pas le choix.

Comme, pour l'instant, il est à la merci des grandes personnes, il ne peut devenir que ce que ces personnes lui mettent dans la tête. A l'âge de trois ans, il ne lui est pas loisible de dire : “Mais enfin, qu’est-ce que c’est que ces fariboles, l’eau ne peut pas se transformer en vin ! Un homme ne peut pas se lever d’entre les morts ! Un Blanc n’est pas supérieur à un Noir !”

A six ans, il entre dans les scouts. Les scouts sont répartis en sections dont chacune porte un nom d’animal, mettons qu’il est dans les Renards. Dans leurs différentes activités, le petit John doit tout faire pour que les Renards l’emportent sur les Ecureuils et les Castors. Il doit donc se convaincre de la supériorité de sa section et apprendre à s’attacher à ses coéquipiers.

De même, quand il commencera à jouer au baseball quelques années plus tard, il faudra que John se soude aux membres de son équipe et fasse tout pour que l’autre équipe perde.

Sans avoir eu d’effort particulier à fournir, John est désormais pris dans un nombre important de réseaux, de groupes qui disent *nous* avec fierté. Il y adhère : comment faire autrement ? Ces *nous* structurent son existence au jour le jour ; ils sont intégrés à ses circuits neuronaux.

A l'école, John apprend l'histoire des Etats-Unis et celle d'aucun autre pays.

Il l'apprend, naturellement, du seul point de vue des hommes blancs.

Dans ses cours d'anglais, on lui donne à lire et à analyser des poèmes, des nouvelles et des extraits de pièces de théâtre, tous tirés de la tradition anglo-américaine.

En matière d'anthropologie, on lui enseigne deux versions de l'histoire de l'espèce humaine sur la planète Terre : celle de Darwin (selon laquelle l'homme descend du singe) et celle de la Bible (selon laquelle Dieu a créé l'univers en six jours, tiré Eve de la côte d'Adam, etc.).

Ni l'une ni l'autre de ces deux versions ne l'intéresse spécialement. Il s'ennuie à l'école ; il attend que ça se passe.

Avant et après l'école, il passe entre quatre et cinq heures par jour devant la télévision. Lorsqu'il arrive à la puberté en 1992, il convainc ses parents de lui acheter des jeux vidéo ; il passe désormais deux heures chaque jour devant l'écran de la télévision et deux devant celui de l'ordinateur.

Les fictions se déversent en lui par milliers. Dans ces milliers de fictions, l'ennemi est toujours préhumain (reptilien), posthumain (robotique), ou les deux à la fois ; dans tous les cas il cherche à détruire l'humanité et doit donc être détruit par le héros.

La musique assourdissante, les images très rapides et violentes de ces jeux et de ces films pénètrent dans le corps de John et laissent leur empreinte dans son cerveau ; elles rythment l'activité de ses synapses.

En 1998, il termine son lycée avec des notes médiocres et prend un emploi comme serveur chez McDonald's. Il s'ennuie le jour et se défoule le soir en buvant de la bière avec ses amis, mais continue d'aller à l'église tous les dimanches et à croire en Dieu.

Un jour, dans une fête bien arrosée, il fait la connaissance de Betty, jeune femme dont la longue tresse châtain lui fait penser à la cyberhéroïne Lara Croft, et se met à la peloter. Après la fête il la raccompagne en voiture, réussit à lui faire l'amour malgré le volant qui gêne, et, sans faire exprès, la met enceinte.

Les quatre parents insistent pour qu'il l'épouse.

Le mariage a lieu à l'église, l'enfant naît quelque huit mois plus tard, John et Betty entament son apprentissage en matière de langue anglaise, de supériorité des Blancs, de Petit Chaperon rouge, de Jedi, Spiderman et autres Pokemon.

Pour subvenir aux besoins de sa famille, John trouve un emploi plus rémunérateur dans une usine de pièces détachées. Mais, même avec ce salaire plus élevé, le couple a du mal à boucler ses fins de mois. Ils règlent souvent leur loyer en retard, et Betty se plaint de ne pouvoir s'habiller comme les femmes dans les magazines.

Ils vivent ainsi quelques années, cahin-caha, s'enfonçant dans la routine et se disputant souvent.

Parfois John trompe Betty.

Pendant ses rendez-vous amoureux ou ses visites chez les prostituées, il se sent presque aussi viril que le Rambo dans sa tête mais, après, il se sent minable vis-à-vis du Jésus dans sa tête.

A l'automne 2002, John télécharge un nouveau jeu vidéo passionnant : *America's Army*, décrit par son concepteur comme "arme de distraction massive", mis en ligne gratuitement par les sections de recrutement du ministère de la Défense. Quand l'Amérique envahit l'Iraq au printemps 2003, il décide de s'engager, embrasse son fils et son épouse, et part faire son entraînement.

A Fort Sill, en Californie, il se trouve plongé dans un gigantesque simulateur de guerre mis au point par le Pentagone, les serveurs Windows et les studios de Hollywood. Au bout d'un mois d'immersion dans cet environnement virtuel, interactif et multisensoriel, il s'envole pour Bagdad.

Il n'a pas la moindre idée d'où se trouve l'Iraq, ne se soucie même pas d'infliger une leçon aux "sales Arabes" qui ont fait s'écrouler les tours de Manhattan. Ce qui l'intéresse c'est le salaire, l'enivrant rêve d'héroïsme et le changement d'air.

Il fait partie, mettons, du 101e d'infanterie. Avec ses camarades de division, qui viennent de vingt Etats différents et sont majoritairement noirs, John commence à voir du sang et à entendre des explosions.

Il a peur de l'ennemi, qui parle en charabia, est sombre de peau, sournois, non chrétien, et veut sa mort. Il se met à le haïr. Sa peur et sa haine se rehaussent mutuellement et font courir de l'adrénaline dans ses veines. Il se bat dans les ruelles de Bagdad en écoutant à pleins tubes, dans son casque militaire, *Bloodflowers* de The Cure.

Un jour il reçoit une balle dans le dos et s'effondre, mort. On renvoie son cadavre aux Etats-Unis et ses parents assistent en pleurant à sa mise en bière, à sa mise en terre. Sa mère se console en se disant qu'elle le retrouvera au Ciel – et que, si Dieu a décidé de le rappeler à Lui, Il devait bien avoir Ses raisons.

On décerne à John Smith, *post mortem*, plusieurs médailles militaires pour son courage exceptionnel.

Sa tombe est recouverte de fleurs.

C'est ainsi que se termine l'histoire d'un homme éminemment ordinaire, un homme dont l'existence était composée presque exclusivement de fictions, et qui ne le soupçonnait pas le moins du monde.

Cette histoire peut vous paraître grotesque mais, si je m'évertuais maintenant à écrire pour les Américains l'histoire de Jacques Dupont, Français typique, mettons un jeune Berrichon mort à la guerre d'Algérie après avoir ingurgité les fictions françaises depuis nos ancêtres les Gaulois jusqu'à Brigitte Bardot en passant par la Vierge de Lourdes, elle leur paraîtrait tout aussi grotesque.

IV

LE CERVEAU CONTEUR

Je parle des rêves, les rejetons d'un cerveau désœuvré...

WILLIAM SHAKESPEARE

NOTRE croyance en notre moi est pour ainsi dire impossible à contourner. (C'est à quoi s'appliquent les moines bouddhistes...)

Le soi perpétue l'illusion de lui-même et, de façon générale, préfère ne remarquer que ce qui corrobore et renforce cette illusion.

On traite le petit enfant comme un soi qui ne sait pas encore s'exprimer, alors que les synapses cérébrales qui constitueront un jour son soi ne sont pas encore en place. De même, on traite le grand vieillard comme s'il était retombé en enfance, alors que les synapses cérébrales qui maintenaient son soi en place se sont défaites.

Dans son état normal, notre cerveau se livre (à notre insu) à des activités tout à fait étranges et étonnantes.

Dans ce domaine comme dans bien d'autres, c'est l'anormal qui nous éclaire sur le normal…

Le cerveau divisé

Chez certains patients atteints d'épilepsie grave, avant le développement de médicaments pour empêcher la transmission des crises d'une moitié du cerveau à l'autre, l'on intervenait chirurgicalement pour sectionner le *corpus calleum* qui les reliait ; du coup, les deux hémisphères ne pouvaient plus communiquer entre eux. Or l'on sait que, chez les droitiers (et nombre de gauchers aussi), seul l'hémisphère gauche peut constituer les informations en savoir verbal.

Dans les années 1980, le psychologue Michael Gazzaniga a réalisé des expériences fascinantes avec ces patients dits "calleux" ou "callotomisés". En voici un exemple : on montre au patient un écran et on lui demande d'en fixer le centre. Ensuite, sur la partie gauche de l'écran apparaît fugitivement le mot "Marchez". Seul l'œil gauche capte ce message ; il le transmet à l'hémisphère droit, qui en comprend le sens mais ne peut l'enregistrer consciemment. Aussitôt, le patient se lève et se dirige vers la porte. "Où allez-vous ?" demande le médecin. "J'ai soif, répond le patient sans la moindre hésitation, je vais chercher quelque chose à boire."

Puisqu'il s'est dirigé vers la porte, il devait bien avoir une motivation pour le faire ; la soif est une motivation plausible ; le cerveau gauche lui a fourni spontanément cette réponse, qu'il a reçue et traitée comme une vérité.

Il ne mentait pas, car il croyait fermement à ce qu'il venait de dire. Il fabulait.

Tous, nous fabulons ainsi, en toute bonne foi, sans le savoir.

Si l'on y prête attention, on peut pour ainsi dire "surprendre" notre cerveau en train de nous raconter des bobards.

Ainsi l'autre jour : j'arrive dans mon immeuble, vois que la cage d'ascenseur est arrêtée à un étage, entends quelqu'un y entrer et commencer à descendre. Quand les portes de l'ascenseur s'ouvrent au rez-de-chaussée, je m'attends naturellement à voir sortir un de mes voisins. Mais ce n'est pas ce qui se passe aujourd'hui… (Et maintenant il faudrait préciser : l'action mentale décrite dans le paragraphe qui suit n'a occupé que quelques millièmes de seconde.)

A hauteur des yeux, je ne vois rien ; déroutée, je me dis : Ah ce n'est pas un adulte mais un petit enfant ; baissant les yeux je vois que non, c'est bien une femme adulte, mais dont la tête se trouve à la hauteur de ma taille. Elle est en train de déféquer, me dis-je, non, elle vient de surgir d'un passage souterrain par un trou dans le sol de l'ascenseur, me dis-je, non, elle a eu besoin de s'accroupir, me dis-je, pour fouiller dans son sac à la recherche d'une clef.

L'important, ici, c'est que mon cerveau n'a pas *d'abord* constaté la posture inhabituelle de ma voisine pour spéculer *ensuite* quant aux raisons pouvant l'expliquer. Il m'a proposé les trois réponses, deux mauvaises et une bonne, avant même de s'être posé la question.

L'enregistrement de la réalité ne précède pas son interprétation ; les deux sont simultanés.

Nous sommes incapables, nous autres humains, de ne pas chercher du Sens. C'est plus fort que nous.

Le cerveau lésé

Un autre exemple saisissant, plus proche encore de moi : voici deux ans, mon père a enduré une importante intervention chirurgicale ; les complications de celle-ci l'ont plongé dans le coma et son cerveau a subi alors une lésion due à l'hypoxie (manque d'oxygène). Certains patients ayant connu de telles lésions deviennent amnésiques. Pour mon père, l'effet a été à l'opposé : au lieu de perdre ses souvenirs, il s'est mis à en fabriquer à tour de bras.

Ses médecins (américains) donnent à ce phénomène le nom français de *déjà-vu* ; seulement, au lieu d'avoir le caractère très occasionnel et flou de ces étranges impressions de familiarité qu'éprouve tout un chacun de temps à autre, les "déjà-vus" de mon père étaient constants, cohérents – et, surtout, *convaincants.*

Ses faux souvenirs, précis et détaillés, ressemblaient à s'y méprendre aux vrais. Ils perturbaient gravement son existence.

Tout ce qu'on lui disait, il avait la certitude de l'avoir déjà entendu.

Tout ce qu'on lui suggérait de faire, il était sûr de l'avoir déjà fait.

Un matin, je lui ai proposé de jouer aux cartes, et il a répondu : "Oui, je tiens à prendre ma revanche pour la défaite que tu m'as infligée hier." Or nous n'avions pas joué aux cartes la veille, ni du reste depuis mon arrivée chez lui. La question "Si on jouait aux cartes ?" avait déclenché dans son cerveau *l'image* d'un jeu de cartes entre nous ; cette image avait été projetée non dans l'avenir mais dans le passé, et rangée parmi ses souvenirs. Elle s'y était si bien intégrée et dissimulée qu'il lui était impossible de "trouver l'intrus".

On a commencé à jouer. Mon père jouait normalement, un peu moins vite peut-être qu'avant son opération, mais sans faire d'erreur. Voyant un trois de trèfle auquel manquait le coin supérieur droit, il s'est exclamé : "Là, regarde ! Tu te rappelles, quand même ? Hier tu as abattu tous les trèfles sur la table les uns après les autres, si violemment que tu as cassé le coin du trois !”

De l’extérieur, l’effet de ces faux souvenirs était déroutant mais légèrement comique ; ils rappelaient ces mensonges proférés par les petits enfants pour expliquer comment “ce n’est pas de ma faute, c’est parce que…”, mensonges qu’ils réitèrent avec tant de fureur qu’ils finissent réellement par y croire.

Du point de vue de mon père, en revanche, il ne se passait rien de drôle. Il trouvait angoissant de s’entendre contester cent fois par jour, par sa parentèle et ses amis souriants, des événements auxquels il était fermement persuadé d’avoir assisté, quelques heures ou quelques jours plus tôt.

Le lendemain, ma belle-mère et moi l’avons conduit à l’hôpital pour subir une série d’examens. Ma belle-mère est partie chercher un fauteuil roulant ; mon père, après s’être péniblement extrait de la voiture, s’est tourné vers moi et m’a dit : “J’espère que tu ne vas pas me jouer un tour comme l’autre jour, t’emparant du fauteuil roulant pour aller zigzaguer à travers le parking alors que moi je reste là, appuyé sur ma canne !" Il n'y avait pas eu d'"autre jour", bien sûr ; c'était la première fois que je l'accompagnais à l'hôpital. Ici encore, il avait tourné dans sa tête un film de fiction ("Nancy pourrait filer avec la chaise roulante...") – et, de façon aussi instantanée qu'involontaire, rangé ce film parmi ses souvenirs.

Un dimanche en fin de journée, je suis allée me balader dans une forêt des environs avec un de mes demi-frères, son épouse et leur petit garçon. A force d'errer au hasard tout en conversant, nous nous sommes perdus. Nous étions sans boussole et, comme le ciel était couvert, il nous était impossible de nous orienter par le soleil. La nuit a commencé à tomber, nous nous enlisions dans des marécages et, pour en sortir, devions marcher à gué sur des bûches instables et glissantes, les trois adultes se passant le petit garçon de bras en bras. A notre retour, épuisés et soulagés, nous avons raconté à mon père cette expédition palpitante. Là encore, à mesure que les épisodes se formulaient – le ciel sombre, les marécages, le gué, l'enfant porté –, il était convaincu de connaître déjà cette histoire par cœur, dans ses moindres détails.

Mon père va mieux maintenant, mais imaginez la détresse des patients atteints de ce syndrome en permanence ! Quand ils font des courses au supermarché, dès qu'ils voient un objet sur les étalages, ils sont persuadés de l'avoir déjà acheté. Quand ils "surfent" à la télévision, ils ne tombent que sur des films, séries, actualités et documentaires qui leur semblent désespérément familiers…

Leur cerveau leur raconte des bobards.

Le nôtre aussi. Un exemple flagrant : les *saccades*. Plusieurs fois par seconde, nos yeux "sautent", interrompant brièvement leur captage du monde pour que notre cerveau puisse en recevoir une image continue. Quand nous marchons dans la rue, par exemple, notre tête change constamment de hauteur ; sans saccades, nous verrions ce qu'on voit à l'écran pendant les scènes de "caméra à l'épaule" !

Mais les bobards du cerveau normal n'attirent pas l'attention, car ils sont précisément conçus pour donner le change et passer inaperçus.

Une exception de taille : le rêve.

Tout au long de sa convalescence, mon père a fait des rêves détaillés et hauts en couleur. Le matin au réveil était le seul moment de la journée où il parlait avec entrain : personne, au moins, ne pouvait lui contester le contenu de ses rêves ! J'ai acheté un magnétophone pour qu'il puisse les enregistrer, ce qu'il a fait avec beaucoup d'application.

Il arrivait aussi que ses faux souvenirs engendrent des rêves (à moins que ce ne fût l'inverse ; comment savoir ?).

Au téléphone après mon retour en France, il m'a longuement raconté un rêve qu'il venait de faire. “Je me trouvais dans un énorme et magnifique gymnase, dont chaque détail était lié à toi et à notre conversation de l'autre jour… Tu m'avais dit que les gymnases devaient avoir des murs de couleurs différentes : eh bien là c'était le cas, les murs étaient verts, violets, marron foncé… C'était une structure prodigieuse, avec des plafonds très hauts, des terrains de basket, une piscine – et des fleurs partout, des cascades de fleurs, sans parfum mais sans insectes aussi… Il y avait des canapés débordant de coussins qui vous donnaient envie de vous jeter par terre et vous rouler dedans… C'était complètement exaltant, et j'avais envie de partager ma joie avec toi…"

Emue, j'ai préféré ne pas décevoir mon père en "corrigeant" son récit une fois de plus : la conversation en question n'avait pas eu lieu, je n'avais pas d'idées particulières concernant la décoration des gymnases, etc. (Il m'est bien venu à l'esprit que le mot *gym* en anglais, avec une orthographe différente, était… le prénom de mon père.)

Oui, les récits de rêves sont eux aussi des fabulations.

Prenons cette expérience qu'ont probablement faite, au moins une fois dans leur vie, tous les habitants de l'Occident moderne : à la fin d'un rêve long et complexe, on entend la sonnerie d'une porte ou le hurlement d'une sirène de police… Se réveillant, on se rend compte que le bruit n'était autre que celui de notre réveille-matin. Stupeur : comment se peut-il que le réveil ait sonné *exactement* au moment approprié dans notre rêve ?

La réponse à cette question est la même que pour les "déjà-vus" de mon père, à savoir que notre cerveau fabule. *L'impression qu'on a, et dont on est intimement persuadé qu'elle correspond à la vérité, est fausse.* En fait, on a concocté le récit de rêve au moment même où le réveil a sonné, prolongeant ainsi notre sommeil de quelques instants.

De même qu'en disant : "J'ai soif, je vais chercher quelque chose à boire", le patient callotomisé a fabriqué une histoire pour justifier le fait qu'il se dirigeait vers la porte, de même qu'en disant : "Tu as violemment abattu les trèfles les uns après les autres", mon père a fabriqué une histoire pour expliquer la carte au coin cassé, de même, nous tous, en disant : "J'ai rêvé d'une voiture de police", fabriquons rétroactivement une histoire pour justifier le bruit du réveille-matin.

Ce qui a du Sens, ce n'est pas le rêve mais le récit de rêve, qui est déjà une interprétation.

C'est justement parce que les rêves en eux-mêmes n'*ont* pas de Sens (pas plus que la vie en elle-même) qu'ils fournissent aux bons psychanalystes, à l'instar des récits d'enfance, un terrain de choix pour observer la manière dont chacun de nous *fabrique* du Sens.

Tant pis pour les mauvais psychanalystes qui, à partir de ce matériau infiniment riche, s'évertuent à réduire tous les récits d'enfance à un seul (complexe d'Œdipe), et tous les ressorts du rêve à un seul (pansexualisme). Tant pis, surtout, pour leurs patients...

La vérité – étonnante – est qu'à ce jour, aucun scientifique digne de ce nom n'a avancé d'explication convaincante de l'apparition des rêves au cours de l'évolution des espèces animales supérieures sur la planète Terre.

Oui, tous les oiseaux et mammifères rêvent (à une exception près, délicieuse : l'ornithorynque !).

L'opossum, animal "fossile" qui existe sur le continent américain depuis 180 millions d'années, rêve lui aussi. Quels désirs inconscients inavouables exprimeraient les rêves d'un bébé opossum ?

Les poules rêvent de blé, disait déjà le Talmud !

*

Les rêves, comme le dit si bien Shakespeare, sont les *rejetons d'un cerveau désœuvré*.

Les neurologues contemporains confirment : pendant les périodes de “sommeil paradoxal” – ces quatre ou cinq périodes d'une vingtaine de minutes par nuit au cours desquelles nous rêvons activement, avec de rapides mouvements des yeux –, alors que certaines régions du cerveau sont au repos et certaines connexions défaites, d'autres régions et connexions continuent de fonctionner. N'étant plus coordonnées par l'instance centralisatrice du *je* pleinement conscient, elles ressassent des contenus un peu au hasard : traces des événements de la journée, images marquantes, bribes de souvenirs, etc.

En d'autres termes, ce ne sont pas à proprement parler les rêves qui nous racontent des histoires, mais bel et bien notre cerveau qui, au réveil – et, derechef, sans qu'on lui demande rien –, *produit* une histoire et lui attribue aussitôt un sens. Sens qui nous paraît énigmatique... et pour cause !

C'est assez prodigieux, quand on y pense : notre cerveau, même s'il a subi des lésions et perdu une partie de sa cohérence diurne, persiste à nous proposer des récits abracadabrants à partir de nos rêves. Son mécanisme narratif inné continue de combiner et d'organiser... Il tient à nous enchanter, à nous troubler, à nous envoûter – à nous entraîner, encore et encore, dans le monde humain qui est le monde des fictions.

Aucun régime politique ne pourra jamais maîtriser ce phénomène-là. Platon aurait beau chasser de sa République poètes et dramaturges ; aucun tyran, dictateur, monarque ou président ne pourra bannir les rêves, cauchemars, fantasmes et délires, toute cette activité fébrile par laquelle notre cerveau concocte des histoires et *y prête foi*, afin que notre existence soit non seulement une existence mais une vie, afin qu'elle nous semble suivre une trajectoire, correspondre à un destin, avoir un Sens.

Jamais ne pourra être dompté l'inénarrable cerveau conteur qui fait notre humanité.

V

EN ROUTE POUR L'ARCHÉ-TEXTE

Découverte sans doute avant le feu, la fiction a dû naître dans la résille de nos neurones avec le geste et la parole, et longtemps, orale avant d'être écrite et bien plus tard imprimée, elle a servi, dès les commencements, à travestir l'ignorance de nos origines, à brider les peurs de l'inexplicable et à justifier les pouvoirs que les plus roublards et les plus rusés en tiraient. Et il nous en est resté quelque chose…

HUBERT NYSSEN

LA PAROLE humaine (à la différence de la parole d'ordinateur) interprète la réalité dans le même mouvement où elle la dit ; elle la transforme en histoires dotées de Sens, le plus souvent favorable à celui qui parle.

C'est cela, si l'on veut, le péché originel – mais, comme c'est involontaire, le mot de péché est inapproprié. C'est le *défaut de fabrication* de l'humain : ce cerveau conteur qui nous transforme tantôt en ange, tantôt en diable.

Hors l'humanité, bien sûr, aucun ange ni diable.

*

Il est pour ainsi dire impossible, aux membres de notre espèce, d'admettre que *nous n'avons aucun mérite à naître ceci ou cela.*

Naître, pour un humain, c'est, aussitôt : *mériter* de naître.

Chez les humains illettrés, la généalogie (aussi fantaisiste soit-elle) est le premier élément de l'éducation, c'est-à-dire de l'identité.

Dès la conception (la psychique avant même la physique : le *rêve* d'enfant conçu par notre mère, notre père ou les deux), on nous octroie un mérite artificiel : celui d'être l'enfant de…

Les fictions commencent là, et ne prendront fin qu'avec notre effacement du souvenir de tous les vivants.

A un tout petit enfant, on peut apprendre à parler n'importe quelle langue du monde, à chanter n'importe quel air, à aimer n'importe quelle nourriture et à croire en n'importe quel dieu.

L'esprit humain est comme un disque de cire sur lequel des sillons seront gravés plus ou moins profondément. Les premières empreintes – langue maternelle, histoires, chansons, impressions gustatives, olfactives, visuelles – seront les plus profondes. C'est là, on l'a vu, la matière même de notre soi.

Un bébé n'a pas de recul critique. Les premiers sillons l'attachent à ses parents même si ce sont des tortionnaires, et le rendent méfiant vis-à-vis des autres même si ce sont des saints.

Impossible de surestimer l'importance de ces sillons gravés au cours des premiers mois et années de la vie. Alors qu'"on" n'est pas encore là pour le savoir, ils deviendront le siège de nos émotions les plus fortes, façonnant cette région du cerveau que l'on appellera plus tard "les tripes". (C'est cela qui sera réactivé lorsque, plus tard, on sanglotera en écoutant tel morceau de musique, ou éprouvera le désir de violer un enfant.)

L'ensemble de ces premières empreintes forment notre *culture.* Pour chacun et chacune, cette culture deviendra le monde même.

*

Accueillir un enfant, c'est, à travers des histoires, lui ménager une place à l'intérieur de plusieurs cercles concentriques : famille/ethnie/Eglise/clan/tribu/pays...

Pour qu'advienne son *je,* on doit le faire exister au milieu de plusieurs *nous.* Avec, toujours, plus ou moins proches et menaçants, des *ils.*

Tu es des nôtres. Les autres, c'est l'ennemi. Voilà l'Arché-texte de l'espèce humaine, archaïque et archipuissant. Structure de base de tous les récits primitifs, depuis *La guerre du feu* jusqu'à *La guerre des étoiles.*

Osons une tautologie : un groupe est un groupe. Pour sa cohésion et sa survie, il tendra spontanément à se percevoir comme *le* groupe, et à valoriser sa culture comme *la* culture. Venant plus tard, les éléments des autres cultures seront automatiquement mis en relation avec celle-ci.

Comme tous les primates mais plus encore, les humains – fragiles, menacés – ont appris à survivre en s'attachant fortement au *nous* et en percevant tous les *eux* comme des ennemis potentiels.

Oui, car elle est dure, la vie humaine ; et nous avons peur. La peur est la réaction normale de tout animal menacé de mort ; mais le fait de savoir d'avance qu'on va mourir, et de vivre dans la narrativité, change tout.

Cela rend notre espèce, en un mot, parano.

La paranoïa, maladie de la *surinterprétation*, est la maladie congénitale de notre espèce.

A l'époque de nos ancêtres lointains, cette structure paranoïaque a sans doute été indispensable. Elle ne l'est plus ; elle est même devenue contre-productive ; mais, gravée à même nos circuits cérébraux, elle perdure.

*

Les primitifs sont convaincus que tout arrive pour une raison (la main de Dieu, la malveillance des voisins ou des esprits, etc.).

Il y a énormément de primitifs en Occident moderne. "Il n'y a pas de hasard", disent-ils par exemple. "Je ne crois pas au hasard." "La main invisible", "la ruse de l'Histoire", "le réel est rationnel"... Pensées religieuses, magiques.

"Je ne crois pas au hasard" : un excellent résumé de l'histoire de notre espèce.

Les humains interprètent tout, et une de leurs interprétations favorites est la suivante : si j'ai un problème, c'est que quelqu'un m'a voulu du mal.

Que font les paysans berrichons quand leurs bêtes tombent malades, que font les habitants de Soweto quand un des leurs est atteint du sida ? Ils interprètent ces événements comme des attaques magiques. *Qui* m'a jeté un sort ? Comment défaire ce sort ?

Ils sont convaincus d'être dans le vrai lorsqu'ils entreprennent de coûteuses et complexes cérémonies de propitiation auprès des ancêtres ou des esprits – gestes qui, scientifiquement, n'ont rien à voir avec les maladies en question mais qui, fictivement, sont efficaces et surtout irréfutables.

Si la guérison ne s'ensuit pas, on pourra toujours blâmer l'insuffisance des remèdes ou un nouveau sortilège.

L'Amérique post-11 Septembre s'est comportée comme une tribu primitive. *Qui* m'a jeté un sort ? Comment défaire ce sort ? Se sentant menacés, les Américains étaient convaincus d'être dans le vrai lorsqu'ils ont entrepris une coûteuse et complexe cérémonie militaire qui n'avait rien à voir avec les attentats en question.

*

Comment survivre ? En se liant, en se liguant.

La fonction primordiale des histoires humaines, c'est l'inclusion et l'exclusion.

Le *nous* s'instaure et se renforce par le récit bricolé du passé collectif. Par la mémoire, c'est-à-dire par des fictions. La fierté est le lien, le liant. Tout *nous* s'escrime à être fier d'être ce qu'il est ; il le faut, pour la tranquillité et la sécurité des *je* qui le composent.

Quand un être humain ne trouve pas de quoi être fier dans les différents *nous* dont il fait partie, il peut "disjoncter".

Imaginons par exemple que, dans un pays majoritairement riche, catho-laïque et blanc, où ont immigré des travailleurs pauvres, musulmans et basanés, les fils de ceux-ci ne parviennent à se reconnaître avec fierté ni dans leurs congénères, ni dans les habitants du pays où ils sont nés et dont ils sont citoyens ; de graves difficultés seraient à prévoir.

L'ardu, avec la fierté, est de trouver la dose juste. Trop de fierté conduit à la violence ; trop peu aussi.

La violence est par ailleurs chérie pour elle-même, car elle est créatrice d'événements, c'est-à-dire d'histoires, c'est-à-dire de Sens.

Encore aujourd'hui, dans bien des parties du monde, les adultes transmettent aux enfants le message suivant : "Nous seuls sommes humains, parlons une vraie langue et avons une vraie histoire. Ailleurs, on raconte d'autres histoires – mais ce sont des balivernes, des blasphèmes, etc. – dans d'autres langues – mais ce sont des charabias."

Avoir peur, se méfier, se dresser contre les autres, être prêt à se défendre contre eux, se raconter des histoires dans lesquelles *nous* nous confrontons à ces *eux* menaçants et sortons victorieux de la confrontation : blabla qui a permis la survie de notre espèce.

Les chimpanzés se liguent pour se protéger aussi, et éprouvent une fierté d'appartenance ; mais ils ne se racontent pas éternellement leur généalogie, ni ne transforment en épopées les récits de leurs confrontations anciennes.

L'initiation à l'humanité, chez nous : berceuses, dessins animés, contes, comptines et fabliaux, films de fiction, histoires mythiques et religieuses, jeux vidéo, films documentaires, cours d'"histoire"... Tous ces récits reposent sur une cohérence factice, et sur des structures analogues.

Chaque pays raconte, de son Histoire comme de toutes les histoires, la version qui l'arrange, et qui le montre sous la lumière la plus flatteuse. Certains faits marquants seront engloutis à jamais dans le silence ; d'autres, au contraire, deviendront fictions officielles et seront inlassablement soulignés, commémorés, enseignés.

Quelle est la "véritable" histoire de votre famille, de votre patrie ? Vous n'en savez rien, et pour cause.

Ce que l'on nous apprend sur la nation, la lignée, etc., n'est pas du réel mais de la fiction. Les faits ont été soigneusement sélectionnés et agencés pour aboutir à un récit cohérent et édifiant. Où sont passés les nuls, les putes, les médiocres, les méfaits, les massacres, les conneries... ?

Tout récit historique est fictif dans la mesure où il ne raconte qu'une partie de l'histoire. Seul Dieu pourrait raconter toute l'histoire ; mais Dieu, étant hors temps, ne sait pas raconter.

Il faut lire l'édifiante étude sur la manière dont l'histoire de la découverte/conquête/invasion/colonisation de l'Amérique est évoquée dans les manuels scolaires de soixante-dix pays de par le monde. Pas deux versions qui se ressemblent.

Cela ne veut pas dire qu'il n'y ait pas de faits ; cela veut dire qu'il nous est impossible d'appréhender et de relater ces faits sans les interpréter.

Des millions d'habitants des Amériques sont bel et bien morts du fait de l'arrivée sur leurs terres de quelques milliers d'Européens ; des millions d'Africains ont bel et bien été réduits en esclavage. Mais les acteurs de ces situations avaient la tête remplie de fictions servant à expliquer ce qui leur arrivait ou à rationaliser ce qu'ils faisaient. Les Aztèques percevaient les Espagnols comme des dieux ; les Espagnols prétendaient agrandir l'empire de leur roi ou répandre la parole du Christ ; les hommes à la peau claire s'estimaient les maîtres naturels des hommes à la peau sombre, etc.

Six millions de juifs ont réellement péri dans les camps nazis, mais ils sont morts en raison d'une mauvaise fiction : la supériorité naturelle de la race aryenne sur les autres races. Une fois morts, ils ont pu être réinsérés dans d'autres mauvaises fictions : celle par exemple d'*une terre sans peuple et d'un peuple sans terre* ; ou celle du *Retour* – fable qui donne le droit à tous les juifs du monde, même les convertis, les demi-juifs, les Falashas, même ceux dont aucun ancêtre d'un temps identifiable n'a habité la Palestine ni même entendu le mot *Palestine*, de venir en Israël/ Palestine et de s'y installer de façon permanente.

Les bonobos n'apprennent pas à leur progéniture : Entre 1939 et 1945 on a tenté de nous exterminer, il ne faut jamais l'oublier, en raison de cette catastrophe nous avons le droit de vivre ici ; en 1948, ceux-là nous ont chassés de nos terres et s'en sont emparés, il ne faut jamais l'oublier, ils méritent d'être repoussés à la mer.

Tirer la couverture à soi, c'est le passe-temps préféré des humains.

C'est peut-être dans la ville de Jérusalem, où elles sont follement juxta- et superposées, qu'il est le plus facile de déceler le caractère fictif des identités. On dirait un immense jeu de Monopoly ou de Lego que les différents groupes ont reçu sans mode d'emploi, et dont chacun s'ingénie à définir les règles, la signification des pièces, le déroulement "inexorable" des parties, la victoire et la défaite.

Tout Afro-Américain vivant aujourd'hui aux Etats-Unis, tout juif ou musulman vivant aujourd'hui au Proche-Orient pourrait théoriquement se dire à tout instant : "Bon, cela suffit. A partir de maintenant, je décide que je suis libre et autonome, et que l'héritage de mon peuple, avec ses exploits héroïques et ses tragédies, ne me préoccupera plus. Je ne veux plus être déterminé par le passé, je ne veux plus dépendre passivement de mes ancêtres. Je veux – tel le héros d'un roman de Sartre ou de Kundera – choisir ma vie tout seul !"

S'il ne le fait pas, c'est qu'un tel geste porterait atteinte aux fondements fictifs de son identité : fidélité envers ses parents, ancêtres et coreligionnaires ; compassion pour leur souffrance ; besoin de transmettre leurs histoires.

Mais bien sûr, s'il le fait, s'il renonce à ces fictions-là, il ne sera libre que d'en endosser une autre : celle, puérile et orgueilleuse, de l'individu prométhéen, autoengendré et autosuffisant.

*

On le voit bien, grâce à l'histoire de John Smith : les enfants sont à la merci des fictions que les adultes leur racontent. Ils n'ont d'autre choix que de les prendre pour argent comptant, surtout quand les parents ont l'air de les percevoir comme sacrées.

Or ces fictions sont biaisées, presque toujours pauvres, et souvent dangereuses.

Comme il n'existe pas dans le cerveau humain de chambres hermétiquement closes, l'une pour les fariboles et l'autre pour les faits, l'enfant les mélange et les superpose. Ce qu'on lui apprend sur les vrais rois prend la couleur des rois des contes de fées ; ce qu'on lui dit sur Dieu le Père influence sa perception de son propre père, et *vice versa*.

Ce n'est que plus tard – et encore, s'il a de la chance – qu'il apprendra à remettre en cause certaines des fictions qu'il a absorbées dans sa prime jeunesse.

Que veut dire "la chance" ?

"La chance" veut dire : l'accès à d'autres cultures – dont le caractère fictif nous saute aux yeux et, partant, nous aide à comprendre le caractère fictif de la nôtre – et surtout, dirais-je, l'accès aux *romans* de ces autres cultures.

Ayaan Hirsi Ali, élevée par une mère somalienne pratiquant un islamisme répressif et dogmatique, a eu la chance de vivre dans quatre pays différents avant l'âge de vingt ans ; cela n'a pu qu'aiguiser son intelligence. Mais c'est, à l'école kényane où on l'a envoyée adolescente, la lecture des romans anglais et américains qui a déclenché dans son esprit une véritable révolution. *Docteur Jekyll et Mister Hyde* l'a particulièrement marquée – car, à l'opposé du manichéisme des fictions religieuses qui l'entouraient, ce roman lui a fait comprendre que le bien et le mal pouvaient exister à l'intérieur d'une seule et même personne.

La majorité des enfants humains n'ont pas cette chance.

John Smith ne l'avait pas. Les garçonnets dans les écoles coraniques en Afghanistan ne l'ont pas. Ni les fillettes de la Corée-du-Nord à qui l'on apprend à danser en chantant les louanges de Kim Jong-il… etc.

*

Le penchant inné de notre cerveau pour la narrativité, sciemment exploité depuis toujours par les Eglises, l'est de plus en plus par les médias, les partis politiques, les grandes entreprises et l'institution militaire.

Cela s'appelle, en anglais, le *storytelling*. "Les faits parlent, dit un cynique spécialiste de la chose, mais les histoires font vendre."

Sous mille formes, sur notre lieu de travail, dans les rues de nos villes, sur l'écran de nos téléviseurs et de nos ordinateurs, l'on nous raconte des histoires prétendument "vraies" et l'on nous demande de nous sentir par elles concernés, bouleversés, personnellement impliqués.

Propagande ; désinformation. Par l'émotion que suscitent ces fables simples et édifiantes, l'on nous convainc facilement d'acheter tel produit, de voter pour tel candidat, de s'identifier à telle entreprise, de soutenir telle cause...

La narrativité fait avaler bien des couleuvres.

*

Etre civilisé, c'est reconnaître l'identité comme une construction, s'intéresser à mille textes et, par là, apprendre à s'identifier à des êtres qui ne vous ressemblent pas.

Malheureusement, quel que soit notre degré de sophistication, il est toujours possible – non, *facile* – de réactiver en nous la peur tripale, la peur tribale. Faites l'expérience, en toute honnêteté : la prochaine fois que vous avez très faim ou très peur, observez-vous. Il y a toutes les chances que votre mouvement naturel soit de devenir soupçonneux envers ceux qui vous entourent et de les blâmer pour votre malheur. Les nations, c'est pareil.

Dès qu'une nation se sent menacée et humiliée (telle l'Allemagne après le traité de Versailles, ou l'Amérique après les attentats du 11 Septembre), elle tend spontanément – et dangereusement – à revenir à l'Arché-texte.

Les mauvaises fictions engendrent la haine, la guerre, les massacres. On peut torturer, tuer, mourir pour une mauvaise fiction.

Cela arrive tous les jours.

VI

CROYANCES

Dès que l'homme se coupe des mythes au nom du réalisme, il n'est plus que de la barbaque.

ROMAIN GARY

RÉCAPITULONS : aux bonobos, aux chimpanzés, la réalité suffit ; ils en font sens.

Aux humains, non ; il leur faut un au-delà de la réalité, un *en plus* ou un *ailleurs*, un *au-dessus* ou un *au-dessous* : le Sens.

Les singes tiennent compte de l'alternance du jour et de la nuit ; seuls les humains l'interprètent.

Ils disent, par exemple : *Apollon.* Ou : *la Grande Tortue.* Ou : *Râ, le dieu Soleil.*

Ou : *Notre Seigneur, dans Son infinie miséricorde.* Ils disent toutes sortes de choses, racontent toutes sortes d'histoires, inventent toutes sortes de chimères.

C'est ainsi que nous, humains, voyons le monde : en l'interprétant, c'est-à-dire en l'inventant, car nous sommes fragiles, nettement plus fragiles que les autres grands primates.

Notre imagination supplée à notre fragilité. Sans elle – sans l'imagination qui confère au réel un Sens qu'il ne possède pas en lui-même – nous aurions déjà disparu, comme ont disparu les dinosaures.

*

Le soi humain n'y peut rien ; gaiement, involontairement, il extrapole à partir de lui-même, se projette en arrière et en avant, s'imagine ayant toujours existé et existant pour toujours. C'est tout naïvement qu'il est convaincu de son immortalité.

C'est touchant.

C'est faux, mais ce n'est presque pas intéressant de dire que c'est faux.

Le ciel, l'enfer, Dieu, l'immortalité de l'âme, les retrouvailles dans l'au-delà : balivernes, si l'on veut... mais qui ont la formidable efficacité, la formidable *réalité* de l'imaginaire.

Tout cela aide *effectivement* les gens à vivre, à supporter la douleur de la perte, à faire le deuil, à renouveler leurs énergies pour le lendemain.

Ainsi, il est impossible de dire que Dieu n'existe pas.

Tout ce que l'on peut dire, c'est qu'il n'existe pas ailleurs que dans les têtes humaines. Mais exister *à ce point*, dans *tant* de têtes humaines, c'est énorme comme existence !

Ce qui existe dans les têtes humaines existe réellement. Il n'y a qu'à regarder les résultats.

Sacrés résultats.

En Europe : merveilles (musique de Bach, sculpture de Michel-Ange, etc.) et massacres (croisades, guerres de religion, etc.).

En Afrique, en Océanie : quand un chef religieux revêt un masque effrayant qui représente le visage de tel esprit ou tel dieu de la guerre, il *devient* temporairement cet esprit, et en acquiert de la puissance réelle.

En Haïti, au Brésil, en Arabie, pendant les transes et les danses du vaudou ou celles des derviches tourneurs : "possédé" par un dieu ou un esprit, l'on devient capable de prouesses physiques inimaginables dans son état normal.

La foi qu'ont des milliards d'êtres humains en une réalité transcendante les inspire, les soutient *et les transforme* au jour le jour.

Elle peut les inciter à aider les pauvres, ou à s'attacher des bombes autour de la taille pour se faire sauter dans un autobus bondé.

Dans notre espèce, comme le savait déjà Rousseau, le meilleur et le pire coulent de la même source.

*

Pour accéder à l'éthique, pour ordonner sa vie parmi ses semblables, l'homme a besoin de voir représenter le bien et le mal.

Promenade italienne : je flâne dans les rues de Parme et de Modène, pénètre dans les églises et les musées, contemple les milliers de traces des histoires chrétiennes qui, pendant des siècles dans cette partie du monde, ont permis aux humains de faire Sens de leur existence. Nativités, Crucifixions, martyres des saints, punitions des pécheurs, Jugements derniers, diables et anges… Tout un panorama de personnages dans lequel des millions d'individus se sont reconnus et dans lequel ils ont communié.

D'innombrables peintures et sculptures européennes dépeignent douleur, horreur, tortures et cruautés. Tantôt ces malheurs frappent les "Bons" (les saints ou le Christ lui-même), et les croyants murmurent : *Comme c'est affreux !*, tantôt ils frappent les "Méchants" (ainsi dans les Jugements derniers), et ils susurrent : *Ah ! bien fait pour eux !* Ainsi leurs propres souffrances, inévitables, seront-elles dotées de Sens.

Promenade indienne : à Delhi, Mumbay, Jaypur, je vois tout un *autre* panorama de personnages, provenant non plus des récits évangéliques (monothéistes) mais du panthéon hindou (polythéiste), et des grands récits qui le mettent en scène, le *Mahābhārata* et le *Rāmāyana*. Leur fonction, toutefois, est identique.

Dans les mondes juif et musulman, où la représentation est théoriquement proscrite, c'est à travers des récits transmis de siècle en siècle que les croyants sont appelés, amenés, à s'identifier au bien et à rejeter le mal.

En Afrique, en Océanie, aux Antilles, en Amazonie, sur toute la surface de la Terre, dans leur incroyable diversité mais avec une force irrésistible, les croyances au sujet des dieux, des esprits et des ancêtres façonnent les esprits des hommes et soudent les communautés.

Même dans l'Union soviétique athée, le gouvernement savait la population incapable de se passer de ce type de communion. Omniprésents, les visages de Marx, Engels, Lénine et Staline s'étaient substitués dans les icônes à ceux de Jésus et de Marie. Et, à la place de la vie des saints martyrs, les écoliers russes apprenaient par cœur les récits héroïques des martyrs du communisme.

Aucun raisonnement, aucune philosophie, aucun système de lois et de gouvernement, aussi juste et éclairé soit-il, ne peut éliminer les tensions, angoisses et conflits dus au fait que les humains vivent dans le temps, et se savent mortels.

Depuis les Lumières, une des faiblesses du discours public en Occident est de ne vouloir s'occuper que du bien.

Certes, nos gouvernements punissent les malfaiteurs ! Mais, contrairement aux Eglises, ils ne tiennent pas compte du fait que la plupart des gens souffrent une bonne partie du temps.

Oui, car elle est dure, la vie humaine, et elle n'est pas devenue moins dure chez nous, en pays de Raison, que dans les parties du monde "encore" soumises aux superstitions monothéistes ou païennes.

Affranchis des croyances de leurs ancêtres, les individus modernes sont non moins obligés de s'accommoder de ce fait désagréable, que la plupart de leurs désirs ne se réalisent pas et ne se réaliseront jamais.

Comme ils tiennent à ce que leur souffrance ait du Sens, la lumière ne leur suffit pas ; ils ont besoin de comprendre aussi les ténèbres.

Ils tiennent non seulement à *savoir* mais à *croire*.

C'est pourquoi, dans le monde occidental à partir du XVIIIe siècle, s'est développée toute une culture parallèle qui traite du mal et du malheur : l'art moderne, depuis le roman jusqu'aux jeux vidéo violents, aux films gore, à la science-fiction, à la pornographie.

*

L'homme ne vit pas de pain seul, disait Jésus. En effet, c'est le bonobo qui vit de pain seul. L'homme a besoin de pain *sensé*.

La foi renforce chaque individu en lui-même, et relie efficacement les individus entre eux.

Communion, communication, communauté : c'est ce qui arrive quand des humains se mettent d'accord pour dire que c'est *cela*, le Sens de la vie… quel que soit le contenu du *cela*.

Partant, ils se donneront entraide et réconfort au nom du Christ, d'Allah, du Bouddha, etc. L'entraide et le réconfort sont réels. Leurs causes n'ont nul besoin de l'être (ailleurs que dans les esprits).

Jésus, Lao-tseu, Bouddha, etc., étaient de grands sages. (Sans doute mieux que toute autre doctrine, le bouddhisme dans sa version originelle a pointé les aspects fictifs de l'existence humaine.) Mais, à leur sagesse, les masses préfèrent toujours la soumission, l'obéissance, la conformité aux normes, les rituels, la superstition.

Mea culpa mea culpa mea maxima culpa ! Plus de vingt siècles après la mort de Jésus, au cœur du continent européen, des gens prononcent encore ces mots avec ferveur chaque dimanche à l'église. Les êtres humains tiennent à se sentir coupables… mais pas trop responsables. C'est pourquoi la soumission est un penchant tellement plus fort que la liberté.

Entre reconnaître qu'on ne peut pas tout maîtriser et abdiquer notre volonté : un pas, franchi par beaucoup avec soulagement.

Le ciel, l'enfer : fictions, certes. On peut s'en indigner : combien de millions de pages gâchées en espoirs et en menaces ? Combien de sermons tonitruants infligés à des ouailles terrorisées ? Combien de vies passées à espérer… pour *rien* ?

Mais ce n'est pas pour rien, dans la mesure où ces terreurs et ces espoirs ont donné un Sens à des millions de vies. C'est tout ce qu'on leur demandait.

Les *born-again*, aux Etats-Unis, invitent Jésus dans leur cœur et Le supplient d'en prendre les commandes. Ils s'en remettent à Lui pour toutes leurs décisions difficiles, comptent sur Lui pour les consoler et les rassurer. Ils ne sont pas déçus.

Oui, toutes ces fictions aident réellement les gens à vivre. "La foi, dit Douglas Kennedy, est peut-être l'élan le plus important de la vie – le moyen fondamental grâce auquel la vaste majorité des gens survivent à chaque journée."

Opium du peuple ? Si l'on veut. Sauf qu'il n'existe pas de peuple sans opium.

Drogues, religion, politique, amour… Innombrables, en vérité, sont les "opiums" susceptibles de structurer de façon harmonieuse et convaincante notre réalité intérieure… nous aidant, par là, à croire en nous-mêmes, à agir dans le monde, à y supporter et à y déployer notre existence.

Il faudrait mettre fin à toutes ces bêtises ? Et comment ? Aucune quantité de Zyklon B n'y suffirait.

*

On peut déplorer la résignation des croyants, leur fatalisme : "Nous sommes entre les mains de Dieu" ; "Tout ce qui arrive, c'est Allah qui l'a voulu"…

Les généticiens et les sociobiologistes, depuis un siècle et demi, nous parlent d'un autre type de fatalité. Dans les faits, nous disent-ils, il n'y a que le déterminisme, le hasard, et l'interaction infiniment imprévisible entre les deux.

Le problème, c'est que la survie des humains dépend de leur capacité de vivre en société, et qu'on ne peut pas bâtir une société autour de tels faits.

Autour de *"Nous sommes entre les mains de Dieu"*, oui !

Les prêtres racontent une histoire ; les généticiens, non.

Les explications ont deux aspects différents : elles doivent non seulement produire un modèle du réel mais convaincre les utilisateurs. Incontestablement, l'approche scientifique "bat" l'approche religieuse pour le premier aspect – mais pas pour le deuxième !

Nous ne disons plus, d'un malade mental, qu'il est possédé par le diable, qu'on lui a jeté un sort, ou que les humeurs dans son corps sont déséquilibrées. Appliquant une autre grille d'interprétation, nous cherchons dans son roman familial les raisons de sa déraison.

Certes, par rapport à l'approche religieuse, l'approche psychanalytique a l'avantage de mettre en branle *volontairement* notre machine interprétative. Elle sait que le soi est une construction, et cherche à capter dans notre parole sur le rêve, l'enfance, les syndromes de répétition, des traces de ce qui s'est mal embrayé dans la mise en place de ce soi.

Pour autant, rien ne garantit qu'au bout de dix ans sur le divan, le malade sera mieux dans sa peau que l'adepte illuminé d'une secte religieuse, ou que le fanatique d'une cause politique.

Par ailleurs, la psychanalyse est vulnérable aux mêmes travers que les religions : abus de pouvoir, culte de la personnalité, dogmatisme, veulerie, soumissions, superstitions, rituels loufoques.

Dans l'esprit de bien des psychanalystes, l'Inconscient occupe la même place que Dieu dans l'esprit des croyants : il explique tout !

Toutes les explications auxquelles nous croyons confèrent *effectivement* du Sens à notre vie.

*

Etre juif, c'est une fiction.
Etre chrétien, c'est une fiction.
Etre musulman, c'est une fiction.
Etre hindou, c'est une fiction.
Etre vaudouisant, etc. : fictions, toutes.

En soi, aucune de ces fictions n'est bonne ou mauvaise. Mais :

Les bons juifs et les mauvais musulmans : fiction néfaste.

Les bons musulmans et les mauvais juifs : fiction néfaste.

Les bons chrétiens et les mauvais infidèles : fiction néfaste.

Arché-textes, là encore. Guerres et massacres garantis.

Le bon Samaritain : fiction faste. Car c'est une histoire qui, au lieu de se présenter comme une vérité, se présente comme une histoire.

Elle *contient* une vérité, à savoir qu'il nous est loisible de nous identifier à la souffrance des autres, et pas seulement des nôtres.

Prémice (et prémisse) du roman.

Polythéismes, monothéismes, nihilismes aussi : autant de fabulations qui donnent aux humains une prise sur leur existence.

Elles ne sont pas vraies, mais cela est secondaire. Elles sont *efficaces* – dans l'exacte mesure où leurs adeptes y adhèrent et se comportent en conséquence.

Il y a donc deux espèces de vérité : celle, *objective*, dont les résultats peuvent être confrontés au réel (sciences, techniques, vie quotidienne) et celle, *subjective*, à laquelle on n'accède que par l'expérience intérieure (mythes, religions, littérature).

Aucune religion ne peut fournir une réponse objective à la question de savoir à quelle fin existent l'univers et l'homme. Toutes, en revanche, proposent d'excellentes réponses subjectives.

Le fait de croire en des choses irréelles nous aide à supporter la vie réelle.

VII

FABLES GUERRIÈRES

Faut-il vraiment que nous vivions pour rien, Seigneur, pour en être réduits à mourir pour quelque chose ?

ROMAIN GARY

QUE L'ON SOIT NÉ, et que l'on doive mourir : sempiternelles complaintes de Job, de Beckett, de nous tous.

Job : "Pourquoi m'as-tu fait sortir du sein de ma mère ? / Je serais mort, et aucun œil ne m'aurait vu ; / Je serais comme si je n'eusse pas existé, / Et j'aurais passé du ventre de ma mère au sépulcre."

Beckett : "Les femmes accouchent à califourchon sur la tombe."

Nous tous : "Où j'étais avant de naître, maman ? Pourquoi tout le monde il doit mourir, papa ?"

Les autres animaux ne se posent pas ces questions. Ils endurent naissance et mort sans savoir qu'ils sont nés, ni qu'ils mourront.

D'où l'inépuisable obsession humaine de la sexualité (qui peut conduire à la naissance), de la violence (qui peut conduire à la mort), et de toutes les interactions possibles et imaginables entre les deux.

Le propre de notre espèce n'est pas qu'elle se livre à la guerre depuis la nuit des temps (les chimpanzés et les fourmis en font autant), c'est qu'elle en fait toute une Histoire… et des millions d'histoires.

On peut écrire la même phrase en mettant *amour* à la place de *guerre* ; elle sera également vraie. Voyons un peu comment fonctionne la fabulation dans ces deux vastes domaines…

*

En temps de paix, il est souvent malaisé pour les individus de décerner quel peut bien être le Sens de leur existence.

La guerre est souhaitée, la guerre est désirable parce que, malgré les tragédies qu'elle charrie, elle ranime l'Arché-texte et apporte, à la vie de ceux qui la font comme de ceux qui la subissent, une formidable dose de Sens. (Il est bien connu que le taux de suicides diminue très nettement en temps de guerre.) Le "théâtre" de la guerre, comme on l'appelle justement, est l'un des plus grands pourvoyeurs de Sens qu'a su s'inventer l'espèce humaine.

Ce Sens est esthétique autant qu'éthique.

Sur le plan esthétique, les formes et rituels de l'institution militaire – défilés, uniformes, chorégraphie des déploiements d'armes, scénographie des batailles – sont plus imposants encore que ceux des religions. Les batailles elles-mêmes donnent lieu à des spectacles inouïs : fêtes pyrotechniques, champignons nucléaires hauts de plusieurs kilomètres, villes en feu.

Et, sur le plan éthique – camaraderie virile, population ressoudée, amours magnifiées par la séparation et la peur, explosions, surprises, sacrifices, assassinats, hurlements d'enthousiasme et de deuil, pertes massives : émotion garantie ; valeurs morales réitérées et renforcées.

La guerre nous fait entrer dans un univers de contrastes dramatiques. Aucun autre phénomène ne suscite pareille juxtaposition d'extrêmes.

Au départ : des centaines de milliers d'hommes entraînés, rodés, alignés, tirés à quatre épingles, effectuant des gestes à l'unisson, pas de l'oie, gauche, droite, saluts, mouvements aussi impeccablement coordonnés que ceux des danseurs d'un ballet classique, tanks rutilants, acrobaties d'avions, perfection métallique des bombes, froideur des calculs, minutie des plans de bataille.

Un peu plus tard : villes calcinées, bâtiments effondrés, montagnes de gravats, terres empoisonnées, chaos de corps mutilés, déchirés, écrabouillés, coulant de partout, larmes, pisse, merde, vomi, fleuves de sang, visages arrachés, intestins dégoulinants, lambeaux de chair mêlés à la boue.

Et après : médailles, statues, monuments, nouveaux défilés pour commémorer la victoire, nouveaux rituels pour honorer ceux qui ont fait le sacrifice ultime, nouvelles épopées pour consigner ces événements si marquants de notre vie collective et confirmer ainsi notre appartenance.

Oui : l'une des fonctions fondamentales de la guerre humaine est bien d'engendrer des récits palpitants, bouleversants, *mémorables*. On ne se lasse jamais de la raconter, de la regarder, de la commenter. Epopées, pièces de théâtre, romans, films de fiction ou documentaires, reportages, journaux télévisés…

Sans les guerres, l'histoire de l'espèce humaine manquerait singulièrement de relief, de piquant, de suspense et de rebondissements… en un mot, de tout ce qui fait une bonne histoire.

*

Aussi loin que l'on remonte dans le temps, les guerriers s'inspirent des histoires d'autres guerriers, se donnent du courage en se remémorant les exploits de héros mythiques. Depuis Gilgamesh

(XVIIIe siècle av. J.-C.) jusqu'à l'opération Tempête du Désert (XXe siècle ap. J.-C.) : sans mythe, pas de guerre possible.

Il n'y a pas le mythe d'un côté et la réalité de l'autre. Non seulement l'imaginaire fait partie de la réalité humaine, il la caractérise et l'engendre.

Quand on dit que vingt-six millions de jeunes hommes ont perdu la vie "pour rien" dans la guerre de 1914-1918, on veut dire qu'ils l'ont perdue pour *de mauvaises fictions*, auxquelles leurs dirigeants, éventuellement, croyaient – mais qui, après coup, se sont avérées creuses, artificielles, intenables. "L'Empire austro-hongrois", par exemple, y est resté.

Si, soldat en Iraq aujourd'hui, vous vous êtes nourri dans votre jeunesse des histoires d'Achille, de Napoléon et de Rambo, ces héros existent réellement dans votre tête (tout comme Dieu). Peu importe que certains d'entre eux aient existé historiquement et d'autres, non. Aucun d'entre eux n'est physiquement présent dans votre cerveau ; tous y sont représentés. Et peuvent vous donner la force réelle de tuer des êtres humains réels.

Nos pensées sont réelles. Une réalité psychique est une réalité effective et efficace. Les chimères nous permettent de tuer. Elles ont donc de la réalité.

Les animaux ne fonctionnent pas ainsi.

Il faut cesser de dire, au sujet des êtres humains se livrant à des massacres ou à des orgies, qu'ils se comportent "comme des animaux", voire "pire que les animaux". Cela n'a, tout simplement, rien à voir.

A la faveur de la guerre, l'homme *joue* son animalité, sa "sauvagerie" ; les animaux n'en ont pas besoin.

Aucun animal ne fait le mal pour le mal – ni, du reste, pour le bien.

En raison de la proximité de la mort, il y a sans doute une excitation sexuelle propre à la situation guerrière. Dans cette situation, hommes et femmes peuvent éprouver le besoin irrésistible de copuler pour se survivre génétiquement : c'est là, peut-être, un instinct animal.

Le viol de guerre, en revanche, n'a rien d'animal. Plusieurs centaines de milliers de femmes allemandes ont été violées par des soldats russes lors de la chute de Berlin en mai-juin 1945. L'une d'elles, journaliste professionnelle alors âgée d'une trentaine d'années, a tenu un journal qu'elle a publié plus tard de façon anonyme (document extraordinaire au sens propre car, d'ordinaire, écrasées par la honte, les femmes violées ne racontent pas leur histoire). Privés souvent de congé depuis de longs mois, les soldats russes étaient certes affamés de rapports sexuels ; pour autant, violer une Allemande n'était pas pour eux un geste instinctif et évident. C'était un acte symbolique qu'ils se sentaient *tenus* de commettre. La preuve : ils le faisaient les uns devant les autres, et, le plus souvent, après s'être enivrés ; sans cela, dit cette femme anonyme, ils n'en auraient pas été capables.

Le viol de guerre est un acte typiquement humain : atteindre, punir, blesser l'autre en *lui gâchant ses histoires*. L'homme dont la femme a été violée ne pourra plus se raconter qu'elle est “pure”, qu'elle est “toute à lui”, ni, éventuellement, que ses enfants lui “appartiennent”.

*

On dit communément que les guerriers déshumanisent leur ennemi, et que les bourreaux déshumanisent leurs victimes. Les nazis auraient considéré (et traité) les juifs comme des poux ; les Hutus auraient considéré (et traité) les Tutsis comme des cafards.

Crucial, ici, est le mot *comme* : maître mot de toute fiction, de toute fabulation (faisons *"comme si"*).

Les nazis ne *croyaient* pas que les juifs étaient des poux. Ils se racontaient la mauvaise fiction suivante : "Nous allons devoir traiter les juifs comme des poux parce qu'à la manière des poux ils nous infectent et nous salissent, nous qui sommes propres et purs."

De même, les Hutus ne *croyaient* pas que les Tutsis étaient des cafards. Drogués par les mauvaises fictions massivement injectées dans leur cerveau par la propagande de Radio Mille Collines, ils se disaient : "Les Tutsis sont moins nombreux mais plus puissants que nous, c'est injuste, ils veulent tout nous prendre, on doit les éliminer comme si c'étaient des cafards."

Pour parvenir à traiter des êtres humains comme des poux ou des cafards, il faut d'abord les dépouiller des accoutrements de l'humain.

C'était facile à Auschwitz, où tout était fait pour que les bourreaux n'entrent pas en contact direct avec leurs victimes.

Plus difficile au Rwanda, où les meurtres s'effectuaient de corps à corps et où, de plus, les victimes étaient souvent les propres voisins et amis des bourreaux, voire des membres de leur famille. Pour pouvoir s'acharner sur les Tutsis avec des machettes, les Hutus avaient besoin de s'inventer une histoire : *que ce n'étaient pas eux*.

"C'est vrai, dit un jeune Hutu à propos d'un camarade qu'il avait tué, j'avais joué avec lui au foot la semaine d'avant. Je l'ai bien reconnu. Mais, au moment où je l'ai coupé, ce n'était pas lui. J'ai regardé son visage et il avait un troisième œil au milieu du front..."

"Reconnaître un visage" se passe dans une région du cerveau ; "attacher un affect au visage reconnu", dans une autre.

En raison de la désactivation de telle ou telle région du cerveau, ces deux fonctions peuvent se trouver dissociées dans certaines maladies cérébrales – et, plus communément, dans certains rêves : tantôt on voit un visage inconnu tout en “sachant” qu'il s'agit d'un proche, tantôt, au contraire, comme ce garçon rwandais, on reconnaît le visage d'un proche tout en étant intimement persuadé que ce n'est pas lui.

Le cerveau est une machine fabuleuse... qui nous *prédispose* à fabuler, pour le meilleur et pour le pire.

Il nous fournit les histoires dont nous avons besoin pour justifier nos actes.

*

Ce que nous confère l'appartenance (à une famille, une tribu, une nation, etc.), c'est une certaine *contenance.*

En anglais, *countenance* c'est aussi le visage. Chacun de nous se concocte peu à peu le visage qu'il souhaite présenter au monde ; il le porte tel un masque et il s'y identifie. Regardez autour de vous dans n'importe quel lieu public : tout le monde se donne une contenance. Cela nous permet de sentir que nous sommes cohérents, consistants, valables – en un mot, que nous sommes “quelqu’un”. Quand ce masque est arraché, nous “perdons la face” ; nous sommes “décontenancés”.

Une contenance, c’est ce à quoi nous tenons plus que tout.

Et ce que nous redoutons plus que tout : le ridicule. Etre révélés comme ce rien, ce presque rien que nous sommes : des mammifères mortels.

La contenance est une chose éminemment fragile – comme le savait bien Charlot, qui s’en moquait avec talent : une peau de banane suffit pour l’anéantir.

Marchant tranquillement dans ma rue en fin de journée, je croise un groupe de gamins de neuf ou dix ans. Brusquement, l’un d’eux se détache du groupe et se jette dans mon chemin avec un geste de menace. Prise au dépourvu, je me fige et mes traits se contractent en une grimace d’alarme. C’est tout : l’enfant rejoint ses camarades en faisant le V de la victoire. “T’as vu, hein ? Pas mal ! pas mal !” Oui, il avait gagné : en une seconde, il avait réussi à secouer ma confiance, à perturber ma promenade, à ébranler mon calme, à froisser ma dignité.

Sans témoins, il n'aurait jamais fait cela.

Tout récit a besoin d'un public.

Le *happy slapping*, cette nouvelle mode londonienne qui consiste, pour les jeunes gens, à frapper des inconnus dans le métro en filmant leur exploit pour le faire circuler ensuite sur Internet, a la même structure que ce mini-épisode dans ma rue, en plus grand.

La guerre, en encore plus grand.

Le but de la guerre, pour chaque côté : détruire la contenance de l'autre, semer la zizanie dans ses certitudes identitaires. Et raconter cet exploit aux nôtres.

*

Dans la déportation, l'esclavage, le génocide, les victimes doivent être dépouillées au préalable de leurs histoires.

Rien de plus déstabilisant, de plus insécurisant, de plus affolant pour l'individu que de voir brusquement dispersées, tel un jeu de quilles, toutes ses assises identitaires.

Plus de maison, plus de ville, plus de métier, plus d'habits, plus de cheveux, plus de lunettes...

Le nom remplacé par un numéro.

Les familles séparées, les langues mêlées...

Dans ces conditions, il est très difficile de préserver une contenance.

Avant de mourir, l'on est déjà mort *à soi.*

Vous étiez rabbin ? chef ? professeur ? mère de famille ? grand comédien ? Vous n'êtes plus rien de tout cela, regardez, vous êtes ridicule, une poupée, une chose à ma merci... Et, pour finir : une chose, réellement. Tas de chair sanguinolent. Poussière. Et moi : héros. Et mon pays : vainqueur.

*

All the world's a stage. Personnages, tous. Affublés d'accessoires plus ou moins convaincants.

Dans la guerre, chaque côté s'acharne à détruire les accessoires de l'autre.

Qu'avez-vous qui ne puisse vous être arraché ?

Ma force spirituelle, me répondrez-vous peut-être. Je vous le souhaite.

Mais si vous cherchez à déterminer d'où vous la tenez, cette force spirituelle, vous verrez qu'elle vous vient de fictions (convictions politiques, religieuses, amoureuses, etc.). Espérons que les vôtres sont riches et non pauvres.

Jean Améry a constaté que, dans les camps de concentration, ceux qui croyaient en Dieu ou en la Révolution s'en sortaient mieux que les intellectuels athées et désillusionnés comme lui.

Les fictions religieuses et politiques, disait Améry, avec les illusions qu'elles véhiculent et les espoirs qu'elles favorisent, sont plus utiles pour la survie que les études de philosophie qui prétendent en venir à bout.

Romain Gary le savait, qui a montré le soutien moral incommensurable fourni aux partisans polonais par le héros imaginaire Nadejda *(Une éducation européenne)*, ou aux détenus d'un camp allemand par l'idée d'éléphants courant à travers la savane *(Les racines du ciel)*.

Pour ma part, ce sont des fables d'amour qui m'aident à vivre. Mais si l'on me soumettait à la torture, je doute qu'elles tiendraient plus de quelques heures (ou quelques minutes ?). N'étant rien moins qu'héroïque, je ne suis pas faite pour les situations extrêmes.

Les fariboles sont précieuses, miraculeuses. Elles nous permettent, les yeux fixés sur l'idéal, de tenir le coup dans l'adversité.

Les fariboles sont funestes, terrifiantes. Elles nous permettent, les yeux fixés sur l'idéal, d'ouvrir le gaz pour exterminer nos semblables.

Dans les deux cas, la force conférée par les fictions est due à la présence des autres en nous. Elle vient des textes et des Arché-textes que nous avons absorbés, d'abord dans la famille, ensuite à l'école, à l'église, à l'université, à la télévision, au cinéma... Tous ces textes, grâce à l'identification, ont façonné notre identité.

Etty Hillesum a été nourrie d'un grand nombre de lectures (livres de psychologie, de poésie, de mysticisme juif et chrétien). Ces fictions riches l'ont rendue capable de s'identifier à l'humanité tout entière. Se refusant à haïr son ennemi, elle est morte, rayonnante, à Auschwitz.

Rudolf Hoess, ayant consommé un nombre très limité de textes et d'un genre très stéréotypé, n'a appris à s'identifier qu'au Führer, à l'obéissance, à la hiérarchie, à la race aryenne, au peuple allemand. Ces fictions pauvres l'ont rendu capable de gérer les chambres à gaz d'Auschwitz presque sans cas de conscience. Avant d'être exécuté à Nuremberg par les Polonais, il a eu le temps de rédiger ses Mémoires, où il se livre à une certaine introspection et exprime un certain remords.

Sagesse rare de ce vieux Japonais, soldat durant la Seconde Guerre, que les Russes avaient fait prisonnier et détenu en Sibérie pendant de longues années. Interrogé à son retour pour savoir s'il y avait subi un lavage de cerveau, il a répondu : “Oui, et heureusement ! Mon cerveau avait bien besoin d'être lavé, vu les idées de pureté, de dureté et d'intransigeance dont on l'avait bourré tout au long de ma jeunesse !”

*

Les membres d'une collectivité, surtout lorsque celle-ci est affaiblie, humiliée ou menacée, ont tendance à écouter, croire et obéir à leurs chefs comme les enfants écoutent, croient et obéissent à leurs parents.

C'est pourquoi une majorité d'Américains ont pris pour argent comptant la faribole du président Bush selon laquelle l'Iraq était responsable des attaques du 11 Septembre.

Au Moyen-Orient, les guerres continueront de se succéder tant que les peuples concernés adhéreront obstinément à leurs fictions respectives. Plus ça va mal, plus férocement ils s'y cramponnent.

Aux écoliers palestiniens, l'on omet soigneusement de parler de l'Holocauste : ainsi l'arrivée massive de juifs en Palestine et la création de l'Etat d'Israël en 1948 leur semblent-elles incompréhensibles, scandaleuses.

Aux écoliers israéliens, on néglige de parler de la *Naqba* ("le Désastre"), période au cours de laquelle sept cent mille Palestiniens ont été chassés de leurs villages, dispersés, exilés ou tués pour faire place aux nouveaux arrivants, au nouveau pays ; le ressentiment des "Arabes" à leur endroit en devient indéchiffrable, monstrueux.

Mais on ne peut certes renvoyer ces deux peuples dos à dos (malgré la tentation de le faire, car la symétrie est également une fiction satisfaisante pour l'esprit).

Il suffit de comparer les chiffres israéliens et palestiniens sur certains critères simples – non seulement les revenus annuels moyens et le budget militaire mais l'éducation des femmes, la scolarisation des enfants, surtout *l'accès aux romans et aux films des autres cultures* – et de se demander lequel de ces deux peuples est le plus susceptible, dans ses discours religieux et politiques (si tant est que les deux n'en fassent pas qu'un), de prêcher la haine.

On pourrait faire le même type de statistiques, en France, pour les jeunes des banlieues et les jeunes des quartiers chic, et se demander ensuite lequel de ces deux groupes aura tendance à penser, parler et agir selon des schémas simplistes.

(Pire que candide, pour cette raison, gravement inepte, la question de certain philosophe parisien excédé : “Pourquoi les jeunes issus de l’immigration égorgent-ils la langue française ?”)

Plus on est squeezé, serré, écrasé, empêché, plus on a de chances de croire en l’Arché-texte, construisant une réalité en noir et blanc et prônant la violence pour éliminer le noir et imposer le blanc.

Quand on maintient les gens, année après année, dans un univers de laideur et de contrainte, de misère et d'humiliation, on ne peut s’attendre à trouver en eux des interlocuteurs ouverts et souriants, à la parole nuancée. En se contentant de renforcer indéfiniment le dispositif sécuritaire autour des “fauteurs de troubles”, l’on rend en fait ceux-ci de plus en plus dangereux car de plus en plus primitifs.

*

A travers la guerre, notre *nous* se consolide face aux différents *eux* en balisant ses territoires, en les étendant, en s’en appropriant d’autres, pour un plus de puissance, pour un plus d’existence.

Pour peu que, par le truchement des textes et Arché-textes, les *eux* aient été constitués en êtres inférieurs ou en sous-humains, la guerre ne *nous* posera pas de problème moral particulier.

Jésus, puis les philosophes des Lumières, en posant la valeur de chaque vie humaine à égalité avec chaque autre, ont mis à mal cette façon de raisonner, mais ils n'en sont pas venus à bout.

Au nom du Christ, au nom des Lumières : nouveaux massacres.

Rien n'en viendra sans doute jamais à bout, car, dès lors que notre survie est en cause, notre cerveau tend de façon irrésistible à revenir aux récits primitifs, à l'Arché-texte.

VIII

FABLES INTIMES

Un très grand amour, ce sont deux rêves qui se rencontrent et, complices, échappent jusqu'au bout à la réalité. Vous avez ainsi des couples merveilleux qui vivent côte à côte sans cesser de s'inventer et qui restent fidèles à cette œuvre d'art, malgré tous les pièges du tel quel...

ROMAIN GARY

LES FICTIONS sont violentes ; elles engendrent la mort.

Mais elles sont aussi fécondes et belles ; elles engendrent l'amour.

C'est parce que nous concevons, pensons, rêvons, inventons, racontons inlassablement amour et haine que nous sommes humains.

Ainsi l'amour existe-t-il aussi réellement que la haine : parce que l'imagination existe réellement.

Aimer et se sentir aimé nous transforme. Cela nous améliore, et cela améliore nos performances.

Sur ce plan, que l'amour nous unisse à Dieu ou à l'un de nos congénères ne fait pas beaucoup de différence.

La bonne amie du tennisman français lui lance un regard doux au moment décisif : il remporte le match. Le tennisman brésilien tripote la croix en or qu'il porte autour du cou : il remporte le match.

L'amour a gagné.

Sous toutes ses formes, l'amour est une histoire que l'on se raconte pour rendre la vie vivable.

Une fois de plus, dire que c'est une histoire ne veut pas dire que cela n'existe pas (les histoires existent), ni que c'est un mensonge (puisqu'on y croit).

Comme tant d'autres fictions humaines, l'amour est source de récits qui *deviennent* notre réalité.

Je ne nie pas que ton chien t'aime, je nie qu'il pense *je t'aime.* Ne disposant ni d'un *je* ni d'un *tu*, il ne peut concevoir l'amour.

Un bébé non plus ne peut concevoir l'amour. L'enfant humain : un chiot, un chimpanzé, en train de se surpasser grâce à la fiction.

Dans l'amour comme dans la guerre, mythes et réalités sont parfaitement inextricables.

Amitié

Dans l'amitié humaine, je t'aime, c'est : je veux que nos histoires s'imbriquent l'une dans l'autre.

Aimer quelqu'un c'est reconnaître, valoriser, *activer* ses histoires.

Il est beau de voir un être se détendre et s'épanouir sous l'effet de l'intérêt que nous lui portons. Notre intérêt est comme un soleil : la fleur s'ouvre peu à peu et offre ses couleurs.

Amour passion

Tu es instantanément et magiquement doté de tout ce que je valorise. Je brûle de désir pour cet autre magique qui me transforme, moi aussi, en tout ce que j'ai toujours voulu être.

Cela peut être un membre de l'autre sexe, ou du mien.

Tomber amoureux de quelqu'un, c'est se trouver soudainement sous son charme.

Le mot *charme* dit bien ce qu'il veut dire : la séduction humaine relève de la magie c'est-à-dire de l'imaginaire. Tu me parles, tu me charmes, tes paroles agissent sur moi comme un charme, elles *sont* un charme, me plongeant dans des délices et suscitant mes paroles en retour, je te charme, je t'envoûte, je te transporte ailleurs.

C'est merveille, tout ce que l'on se raconte en faisant amoureusement l'amour.

Chaque étreinte est une *histoire* (plus ou moins réussie...). Une copulation routinière est aussi monotone et prévisible qu'un roman de gare, mais quand l'amour est là, oh ! – entrée en matière, intrigue qui se noue, tension qui monte, inventions, improvisations, confiance, échanges, rebondissements... puis l'apogée sous forme de jouissance, chaque fois unique, suivi d'un dénouement (détente, murmures, sommeil)...

J'aime Untel, Untel m'aime : adolescente, combien d'examens ai-je brillamment réussis, et, adulte, combien de pages écrites, sous l'envoûtement de cette pensée ? Les mots ensorcelants étaient toujours les mêmes, alors que le nom du *Untel* changeait sans arrêt...

Oui, cette magie est *effective*. Peu importe qu'elle soit aussi, le plus souvent, *éphémère*.

S'ensuivent en effet presque toujours, comme l'a raconté Barthes dans ses *Fragments d'un discours amoureux*, des déconvenues multiples. Mais ce n'est pas, ainsi qu'on le dit souvent : confrontées à la réalité, les images en prennent un coup. C'est : confrontées aux fictions de l'autre, les miennes en prennent un coup.

Aimer un être passionnément, c'est rêver de lui, penser sans cesse à lui, le porter dans son cœur... se comporter avec lui "comme si" : comme s'il était l'être le plus extraordinaire du monde.

Tout cela relève de l'imaginaire. Les chimpanzés, eux, ne se content pas fleurette.

Nous aimons une image, une représentation de l'autre. Comment ferions-nous pour porter dans notre cœur un être en chair et en os ?

Tous, nous embarquons dans nos histoires d'amour avec mille fictions en tête, qu'il s'agisse d'Héloïse et Abélard, de Roméo et Juliette, de *La lettre écarlate* ou de la *Bhagavad-gītā*. Ici comme pour les fables de guerre, célébrités historiques se mélangent dans notre esprit aux héros de roman ou de cinéma...

Mise en abyme : une femme adultère d'aujourd'hui rêve à Mme Bovary, qui rêvait à des héroïnes de romans-feuilletons, qui, elles-mêmes, rêvaient à des poèmes sentimentaux...

Nos manières d'aimer dépendent étroitement des histoires d'amour auxquelles nous avons accès (pour s'en convaincre, il suffit de voir l'admirable *Three Times* du réalisateur chinois Hou Hsiao Hsien).

Là où l'on interdit la circulation des textes parlant des différentes formes d'amour (courtois, érotique, fou...), on ôte aussi aux individus la possibilité de vivre ces amours.

Dans les parties du monde qui valorisent suprêmement le destin individuel, deux facteurs ont radicalement transformé les comportements sexuels des humains à l'époque moderne : l'avènement du roman et le contrôle des naissances.

Dans ces mêmes parties du monde, les humains ont choisi de dissocier progressivement sexualité et reproduction. Pour le meilleur (érotisme plus allègre, tant chez les hommes que chez les femmes) et pour le pire (augmentation de la pornographie et de la prostitution).

Former un couple

Si je commence à vivre conjugalement avec quelqu'un – que ce soit du reste à la suite d'un coup de foudre ou d'un accord passé entre nos parents –, une autre forme d'amour peut naître et grandir.

Il ne s'agira plus de "Je me raconte son histoire de manière à me le rendre absolument désirable", mais de "J'ai appris son histoire dans ses grandes lignes, il a appris la mienne et surtout, au fil des jours et mois et ans, *nous construisons une histoire ensemble*". Parfois elle est belle, parfois elle est moche... le plus souvent, un mélange des deux. Mais c'est *notre* histoire, c'est-à-dire notre vie.

Le faire fait l'être.

Les habitants de l'Occident moderne sont de plus en plus libres de bâtir leurs histoires d'amour à leur guise : ils décident d'y ajouter d'autres personnages (des enfants, biologiques ou adoptés) ou non (contraception, IVG), de provoquer des rebondissements (disputes, trahisons, etc.), voire de mettre fin à cette histoire-là (divorce) pour en démarrer une autre (remariage)... : chacun construit et (se) raconte sa vie amoureuse de manière à lui donner un maximum de cohérence et d'intensité.

Tout cela aussi repose sur notre don fabulateur.

Amour parental

L'amour parental n'a rien d'instinctif.

Ce qui relève de l'instinct, c'est de vouloir tout faire pour que nos rejetons survivent. Y compris, comme l'a rappelé Elisabeth Badinter *(L'amour en plus)*, les donner à des nourrices à la campagne si ce sont elles, mieux que nous, qui peuvent les maintenir en vie.

Mais avoir un bébé, chez les humains, ne se réduit pas à l'instinct de reproduction. Puisque nous vivons dans la narrativité, cet enfant représente aussi pour nous un lien fictif : il nous relie tant au passé (on tient à lui transmettre des éléments précieux de notre héritage) qu'à l'avenir (on l'investit de nos espoirs de bonheur et de réussite).

Même pour ces choses-là, l'amour n'est pas indispensable. Dans bien des parties du monde, les parents traitent leurs enfants avec brusquerie, les dressent avec sévérité, leur infligent des punitions violentes, exploitent leur capacité de travail.

Mais parlons d'amour : comment naît-il, quand il naît bel et bien, dans le rapport parent-enfant ?

Il n'a rien de génétique, alors qu'on fait valoir souvent la génétique pour le justifier et le renforcer. Dans l'amour entre parent et enfant, l'*idée* du sang peut jouer un rôle énorme mais le sang ne joue aucun rôle.

Un bébé humain s'attachera indifféremment à sa mère ou à toute autre personne qui lui prodigue des soins dits maternels. Mais cet attachement n'est pas encore de l'amour.

L'amour exige un apprentissage long et complexe, qui passe par les récits et est indissociable d'eux.

Une mère humaine, qui est par définition une adulte et vit donc en pleine fiction, s'attache à son enfant (comme à tout autre bébé dont il a été décidé que c'est le sien) en se racontant que "c'est mon enfant à moi".

J'ai vu des amies françaises ou canadiennes recevoir la photo de leur enfant à adopter, vivant pour le moment à l'autre bout de la planète, et s'exclamer à l'instant même : "Comme il est beau ! Comme elle est adorable !" Elles ne l'avaient pas encore rencontré, mais elles focalisaient sur *cet enfant-là* leur passion maternelle de la même manière qu'une mère qui vient tout juste d'accoucher. Elles apprenaient par cœur les détails de son histoire, s'extasiaient devant chaque trait de son visage… Si, par la suite, on leur annonçait que l'enfant en question était trop malade pour être adopté, ou avait été donné à un autre couple, elles le vivaient comme une tragédie personnelle – alors que, bien sûr, des milliers d'enfants inconnus et lointains meurent chaque jour sans qu'elles s'en émeuvent.

Se dire d'un bébé "C'est mon fils, c'est ma fille", qu'il ait ou non avec nous un lien chromosomique, le dote *ipso facto* d'une valeur incommensurable : cela injecte une dose massive de Sens dans l'histoire de notre vie. C'est pourquoi on l'aime.

*

L'amour parental est une fiction d'une importance primordiale pour la survie de l'espèce humaine, pour une raison encore peu citée : seul de tous les primates supérieurs, *l'être humain naît prématurément, plusieurs mois avant terme.*

S'il naissait à terme, vu le gigantisme de son crâne (dû à la taille exceptionnelle du cerveau chez *Homo sapiens*) et la minceur du bassin de sa mère (due à la station debout adoptée par *Homo sapiens*), tous les accouchements seraient fatals : pour la mère, l'enfant ou les deux.

Cela n'irait pas du tout. En quelques petites décennies : fin de notre espèce.

Le bébé humain naît donc très prématurément et doit être aidé, protégé et éduqué pendant de longues années avant de pouvoir se débrouiller seul. Il met six mois rien qu'à apprendre à s'asseoir ! Alors que le bébé gorille sait marcher au bout de quelques jours, au bébé humain il faut une bonne année. Quant à chercher sa propre nourriture, il n'en sera capable qu'au bout de... sept ou huit ans dans les pays pauvres, quinze ou seize ailleurs – et, dans l'Occident opulent, deux bonnes décennies !

Ainsi les mères humaines doivent-elles prodiguer des soins à leurs petits beaucoup plus longuement et plus intensément que les mères chimpanzés.

Il se peut même que ce soit là, dans ces échanges exceptionnellement longs et intenses entre mères et enfants, qu'est né le langage humain.

Et, avec lui, la misogynie...

Mariage

Longuement et lourdement occupées par la maternité, les femelles humaines ont tout intérêt à s'attacher les mâles, d'abord à elles-mêmes, ensuite aux petits. Ce n'est pas évident, au sens littéral : cela ne relève pas de l'évidence des sens.

En effet, maternité et paternité sont vécues l'une et l'autre comme des fictions mais, là où la fiction de la maternité se rattache le plus souvent à une réalité physiologique palpable (gestation, accouchement, allaitement, etc.), celle de la paternité accuse son caractère fictif.

Dans une espèce fabulatrice (la seule à comprendre le lien entre sexualité et reproduction), c'est un peu blessant pour l'un des sexes de constater qu'il doit la vie à l'autre, que le féminin – insigne injustice ! – engendre du féminin *et* du masculin, et que, dans cette histoire si cruciale qu'est donner la vie, on a l'air de n'y être pour pas grand-chose.

D'où la nécessité d'affirmer haut et fort la paternité : par le tabou de la virginité, la punition des épouses infidèles, la transmission du patronyme, et ainsi de suite. D'où, aussi, la fiction la plus répandue en matière de rapports entre les sexes : que l'homme "possède" la femme.

Soit ponctuellement (copulation), soit de façon permanente (mariage).

Le mariage est une réalité humaine c'est-à-dire une fiction, à laquelle notre espèce a décidé d'adhérer il y a des millénaires, car elle s'est avérée utile à notre survie. Elle nous aide à déterminer, quand naissent des enfants, qui en est le père.

Ni les chimpanzés ni les bonobos ne tiennent à savoir qui est le père de qui ; patrimoines et patronymes les laissent de glace. Ils forment bien des couples, et commettent bien des infidélités au sein de ces couples – mais ils n'ont pas, comme les humains, un besoin vital de tricoter des fictions autour de la paternité pour souder les familles, clans, tribus, nations, sociétés civiles.

La famille nucléaire est l'une des grandes spécificités d'*Homo sapiens*. Au lieu de se battre constamment pour obtenir les faveurs des mêmes femelles, les mâles humains pouvaient revendiquer chacun les droits totaux sur *une* – et, du coup, partir travailler ensemble, l'esprit tranquille. Cette collaboration exceptionnelle entre les mâles de notre espèce a engendré… la civilisation !

En d'autres termes, l'idée selon laquelle chaque homme était le propriétaire exclusif d'une femme, même si elle s'est trouvée démentie à d'innombrables reprises, a permis à l'humanité de faire de grands bonds en avant. Elle a bondi tellement en avant, l'humanité, qu'elle a réussi à bousiller la planète sur laquelle elle vit et se trouve désormais en mesure de s'exterminer elle-même.

Oppression des femmes

Si les chimpanzés mâles sont notoirement jaloux, machos et possessifs, seuls les humains *codifient* les rapports entre mâles et femelles, y introduisent des tabous.

Chez les autres grands primates, il n'est nulle part interdit aux mâles de serrer la patte d'une femelle, ni de l'approcher pendant ses règles. Les femelles ne sont pas contraintes de se dissimuler le visage, la tête ou tout le corps sous un voile, ni de rester cloîtrées chez elles, ni de se taire en présence de leur partenaire sexuel. On ne leur coupe pas le clitoris pour les empêcher d'avoir du plaisir dans le coït, on ne leur coud pas le vagin pour le rouvrir ensuite avec un couteau pendant leur nuit de noces, on ne leur casse pas les pieds pour pouvoir les comprimer dans de minuscules chaussures, les rendant inaptes à la marche, on n'élabore pas des lois énumérant leurs droits et leurs devoirs spécifiques, on ne les lapide pas si elles copulent avec plus d'un partenaire.

Ceci dit, il serait absurde de décrire l'oppression des femmes par les hommes comme l'effet d'un complot universel ; cela ressemblerait plutôt, pour notre espèce, à une deuxième nature.

Depuis que l'humanité existe, les femmes en tant qu'elles sont mères ont été exclues de certains gestes et rituels sacrés. Soit que les hommes les aient jugées impures, indignes d'approcher de ce domaine car susceptibles de le souiller ; soit qu'ils les aient estimées déjà dépositaires d'un sacre à elle, largement suffisant : l'enfantement.

Et c'est un fait : l'enfantement confère un sacré Sens à la vie des femmes. Pour la plupart d'entre elles, encore de nos jours, donner la vie est une raison de vivre évidente et irréfutable – pendant que les hommes sont éternellement obligés de bricoler, d'inventer, de construire pour eux-mêmes, du mieux qu'ils le peuvent, un Sens à leur existence.

C'est pourquoi, traditionnellement, ils se sont réservé l'exclusivité des activités à haute dose sémantique : éducation ; hiérarchie religieuse ; littérature ; guerre. Prestige garanti.

Les femmes n'en avaient pas besoin, donc elles n'y avaient pas droit.

Prostitution

Phénomène surdéterminé que la prostitution.

D'une part, définies comme le contraire rigoureux des mères, les prostituées absorbent la rage, la jalousie et le ressentiment des hommes vis-à-vis de la toute-puissance des mères qu'ils ont subie dans l'enfance. En effet, chaque petit garçon passe les premières années de sa vie dans la dépendance totale de sa mère : elle le contrôle, le brime, le punit, le caresse, elle est son univers. Une fois adulte, il aura la possibilité, moyennant paiement, de prendre sa revanche en contrôlant, brimant, punissant, caressant, etc., une femme anonyme.

D'autre part, comme les mâles humains tiennent à posséder en exclusivité la mère de leurs enfants, ils ont tendance à stipuler que la Mère comme telle est pure, vertueuse, asexuée. D'où leur besoin de la Prostituée pour incarner la sexualité, la saleté et le vice.

Dans les espèces non fabulatrices, bien évidemment, les femelles ne sont ni propres ni sales, ni vertueuses ni vicieuses.

"La maman" est un rôle. "La putain", encore plus.

Selon les sociétés, une femme peut être traitée de pute si elle :
– sort de sa maison sans voile ;
– adresse la parole à un homme qui n'est pas son mari ;
– danse, chante, fume, fait du théâtre ;
– copule avec des inconnus pour de l'argent...

Personne ne peut *être* pute. On ne peut que jouer la pute.

Même la femme qui se prostitue professionnellement ne fait que jouer la pute. Jour après jour, elle prononce les répliques de son rôle sans y adhérer, convaincue à part soi qu'"en réalité" elle n'est pas une pute mais une mère, ou une étudiante, ou une jeune fille dans le besoin, mettant de l'argent de côté pour nourrir sa famille, ouvrir un commerce, faire des études – en attendant, éventuellement, de rencontrer son prince charmant.

La nature fictive de la prostitution n'empêche pas les prostituées d'en subir les effets réels (mépris, haine, ostracisme, exploitation, violences physiques, assassinat).

Tous les jours meurent des femmes, pour la simple raison qu'elles ont endossé le rôle de pute dans le grand théâtre humain.

Viol

L'absence de désir de l'autre décuple mon désir à moi, que je lui impose de force. Ce faisant, je gâche ses histoires d'amour ainsi que celles des hommes qui l'entourent.

Sans me soucier du passé de ma victime (que celle-ci soit femme ou homme, d'ailleurs), de l'histoire particulière de sa vie, de son identité propre, je lui inflige mon interprétation à moi. Je décrète qu'elle *n'est plus rien d'autre* que cette chose que je méprise et souille : en temps de guerre, plus *que* croate, ou allemande, etc. ; en temps de paix, plus *que* femme (ou homme traité en femme). Ce n'est pas mon sperme qui la souille mais ma volonté, niant et oblitérant la sienne. Je décrète que mon éjaculation dans son corps signifie non le début d'une nouvelle vie, mais la fin de sa vie à elle : que plus jamais elle ne puisse se raconter de belles histoires d'amour.

Certaines espèces animales (notamment les chimpanzés) pratiquent le viol, c'est-à-dire qu'un mâle copule parfois avec une femelle contre son gré, pour affirmer sa puissance face à son partenaire habituel. Seul le viol humain comporte ce Sens supplémentaire : l'acte d'amour transformé en acte de haine, la construction d'une lignée transformée en destruction d'une lignée.

Féminisme

Nous sommes venues de loin, nous autres femelles humaines de l'Occident.

D'abord des millénaires de soumission, ensuite les idéologies de l'égalité et les droits de l'individu afférents, enfin les libertés que nous avons arrachées et qui nous ont conduites bien loin des premières distributions de rôles imaginées par l'espèce humaine.

De nos jours, les femmes occidentales peuvent faire des études ; voter ; changer de partenaire ; exercer un métier ; choisir d'avance, comme le fait un romancier pour ses personnages, la date de naissance, le sexe et le prénom de leurs enfants. De plus, des machines et parfois leur mari les aident dans les tâches ménagères et maternelles, ce qui rend celles-ci plus légères et plaisantes.

En d'autres termes, chacune d'elles a théoriquement le droit d'écrire à sa guise, comme les mâles, le roman de sa vie.

Mais il y a comme toujours un revers de la médaille... Cette liberté durement acquise les prive de leurs certitudes anciennes, combien rassurantes, quant au Sens de leur vie, et les plonge souvent, comme les hommes, dans l'angoisse et la dépression.

Surtout, cela les rend susceptibles de se fracasser sur la fiction moderne par excellence : celle de l'autonomie absolue, de l'être qui n'a pas besoin de liens.

IX

PERSONA, PERSONNAGE, PERSONNE

> *[En regardant les masques africains au Trocadéro] j'ai compris à quoi ça leur servait, leur sculpture, aux nègres. Pourquoi sculpter comme ça et pas autrement ? Ils n'étaient pas cubistes tout de même ! (...) Tous les fétiches, ils servaient à la même chose. Ils étaient des armes. Pour aider les gens à ne plus obéir aux esprits, à devenir indépendants. Des outils. Si nous donnons une forme aux esprits, nous devenons indépendants.*
>
> PABLO PICASSO

DERECHEF : aussi loin que l'on remonte dans le temps, aussi profond que l'on s'enfonce dans la jungle ou le désert, on ne trouve aucune trace d'un groupement humain ayant vécu ou vivant dans la seule "réalité", la constatant et la commentant, sans (se) raconter d'histoire à son sujet.

Si les fictions avec personnages sont omniprésentes dans notre espèce, c'est que nous sommes nous-mêmes les personnages de notre vie – et avons besoin, à la différence des chimpanzés, d'apprendre notre rôle.

Personnage et *personne* viennent tous deux de *persona* : mot bien ancien (les Romains l'ayant emprunté aux Etrusques) signifiant "masque".

Un être humain, c'est quelqu'un qui porte un masque.

Chaque personne est un personnage.

La spécificité de notre espèce, c'est qu'elle passe sa vie à jouer sa vie.

Les rôles qu'on nous propose seront plus ou moins divers, plus ou moins figés, selon la société dans laquelle nous naissons. On nous montrera comment nous y prendre pour les jouer, on nous apprendra à imiter des modèles et à intégrer les récits les concernant.

L'identité est construite grâce à l'identification. Le soi est tissé d'autres.

Oui : nous avons tous besoin (comme le disait Beckett) de *compagnie*.

Notre cerveau, même celui du philosophe rationaliste le plus misanthrope et monacal, grouille littéralement de la présence des autres.

Les romanciers sont souvent fiers de s'être affranchis des illusions religieuses qui handicapent le commun des mortels. Mais leur esprit est habité voire possédé par leurs personnages, tout comme l'esprit d'une paysanne superstitieuse par Jésus-Marie-Joseph, ou celui d'un fou par le diable.

*

Aujourd'hui comme hier, une des façons les plus courantes de chercher et de trouver du Sens est de se projeter imaginairement dans l'esprit d'un autre. Se produit alors : cristallisation, essentialisation – une "précipitation", en quelque sorte, d'affects demeurés jusque-là flous et insaisissables.

Tout au long de l'histoire humaine, les personnes ont tiré des leçons morales des personnages tels qu'ils apparaissaient dans les fabulations culturelles, grandes (religions) ou petites (contes et fables). *"Et la morale de l'histoire, c'est..."*

L'identification engendre l'éthique.

L'Arché-texte permet à chaque être humain, même s'il ne sait pas lire, de se reconnaître dans un groupe. *Eux* (les méchants) menacent ce que *nous* (les bons) avons de plus précieux : notre liberté, notre civilisation, notre foi, nos femmes, nos richesses, notre intégrité territoriale, etc. Fictions simples.

Les grands textes culturels – livres sacrés, Bibles et Corans, mythes, épopées guerrières – lui permettent de s'identifier à l'histoire des siens. A travers des récits héroïques, des poésies sublimes et des paraboles édifiantes, ils énoncent des leçons, formulent pour leurs lecteurs un code de conduite, fournissent une éthique de base. Fictions simples.

Dans la tragédie grecque, le héros est écartelé entre deux forces du destin, deux devoirs sacrés, deux dieux, etc. L'identification du public à ses dilemmes conduit à la *catharsis*, qui contribue à purger la société de ses maux. Réitérée à travers la mise en scène des conflits qu'elle engendre, la répartition entre bien et mal en sort renforcée.

Les protagonistes des contes populaires sont moins héroïques. Comme nous tous, ils sont imparfaits et contradictoires. Mais leurs histoires demeurent relativement simples, et presque toujours édifiantes.

Le roman, dont les personnages sont des êtres ordinaires, nous incite à nous identifier non à la perfection (toujours culpabilisante), ni, négativement, à la monstruosité (repoussoirs tels que le diable, la sorcière, le criminel), mais à l'ambiguïté, au doute, au désarroi.

Le roman surgit en Europe au XVIIe siècle et prend vraiment son essor au XVIIIe, quand les certitudes religieuses ont été mises à mal par la science.

La science nous montre que, derrière les faits, il y a non une *raison* mais une *cause*. Cela change tout.

Les valeurs fondées sur les anciennes contraintes (religion, clans, familles) ne s'imposant plus aux Européens comme naturelles, il leur a fallu en trouver, en inventer d'autres.

D'où : mariage d'amour au lieu de mariage arrangé ; littérature et philosophie au lieu de religion.

L'individu est le résultat de cette évolution.

L'avènement du roman est lié de façon nécessaire à celui de l'individu.

Pour la première fois dans l'Histoire, ayant pris conscience du caractère arbitraire de sa présence au monde (mais aussi de sa liberté), l'homme se sent entièrement responsable de son destin. Vertige. De ce vertige surgit le romantisme – sous deux formes contrastées, l'une sociale, l'autre individuelle –, l'utopie politique (que j'appelle le *Y a qu'à*) et le nihilisme (le *N'est que*).

La science ne produit pas de Sens, seulement des corrélations, indépendantes de nous. Or nous restons fragiles et le monde reste menaçant. Aucune découverte scientifique ne peut nous rendre immortels, ni même éliminer de notre existence conflits et douleurs.

On ne s'exclame plus, quand survient une éclipse de la Lune : *La fin du monde approche !* Mais l'explication rationnelle de l'éclipse de la Lune – ou des maladies, ou de la foudre, etc. – n'entame en rien notre besoin de chercher et de trouver du Sens dans notre vie.

De nos jours encore, bien sûr, les religions remplissent très largement cette fonction. Mais, en plus de ces grands récits traditionnels pourvoyeurs de Sens, l'on assiste depuis deux siècles à une prolifération sans précédent de récits profanes, véhiculés par toutes sortes de médias (romans, pièces de théâtre, cinéma, télévision, jeux vidéo, Internet...).

Du coup, chaque individu du monde moderne (qui n'est pas le monde entier) a sa petite tête à soi, avec ses propres associations, sa propre manière de combiner les fictions pour se tenir compagnie.

*

Les romanciers suscitent souvent l'incrédulité lorsqu'ils affirment que, pour eux, leurs personnages sont aussi réels que des personnes en chair et en os.

Mais cela n'a rien d'étonnant dans la mesure où, dans notre cerveau, *les personnes vivantes sont des personnages.*

Pensez aux êtres humains qui vous sont plus ou moins proches, plus ou moins connus : vos parents, voisins et amis, les politiciens de votre pays, les commerçants de votre quartier, les acteurs de cinéma, les foules vues à la télévision... A ceux-là, ajoutez ceux que vous n'avez jamais vus, mais dont vous savez qu'ils existent ou ont existé : les fermiers du Zimbabwe, les ouvriers des centrales nucléaires russes, vos ancêtres, le frère de votre copine (celui qui vit à Buenos Aires), les écrivains du XVIe siècle, Alexandre le Grand, les foules d'Italiens mortes de la peste en 1348... De tous ces humains, vous portez en vous une *image* plus ou moins détaillée, image que vous révisez, retouchez, réadaptez spontanément, automatiquement, chaque fois que vous retrouvez ces personnes ou repensez à elles. Ces images sont par définition incomplètes mais, à tout moment donné, elles vous paraissent "complètes".

C'est sur ce processus automatique de remplissage que compte le romancier quand il campe en quelques phrases un personnage. Ses mots suscitent dans l'esprit du lecteur des souvenirs, des associations, des signes de reconnaissance – et, au bout de quelques pages, s'il est doué, ça y est : le lecteur se met à suivre les aventures du protagoniste comme s'il le connaissait de façon intime.

Que se passe-t-il, au juste quand nous adhérons à un personnage de roman, prenons son histoire à cœur et la faisons nôtre ? Comment fonctionne l'identification romanesque ? Peut-elle, doit-elle nous fournir une éthique pour la vie parmi nos semblables ?

*

Nombre de penseurs contemporains nous assurent que le roman est l'expression suprême de l'individu.

Le héros romanesque qui leur convient se définit essentiellement par la négative, par ce dont il est (heureusement) dépourvu. Il est sans dette et sans devoir envers autrui. Sans enfant et, idéalement (tel Roquentin dans *La nausée* de Sartre), sans parents. Sans nationalité, sans parti, sans utérus (cela va sans dire) – en un mot, sans déterminisme aucun. Ces penseurs conçoivent l'individu comme liberté pure, fondement de tout, Sens et centre de tout – et le roman comme son royaume.

C'est là une définition bien étroite du genre romanesque, et qui ne correspond qu'à un nombre restreint de livres.

D'innombrables romans, de par le monde, nous offrent une vision plus complexe et plus complète de l'humain.

Ce n'est pas parce que l'émergence du roman est liée à celle de l'individu que le roman est intrinsèquement individualiste. Que cela nous plaise ou non, il n'y a pas de liberté sans liens – car, sans liens, il n'y a rien : ni langage, ni humanité, ni individu – ni, *a fortiori*, liberté.

Personne n'apprend à parler seul. Le langage est très exactement la présence des autres en nous. Sans cette présence, nous serions incapables d'accéder au monde humain.

La "liberté totale" ne saurait faire advenir un individu. Les êtres réellement sans famille, sans progéniture, sans tribu et sans nation ne sont pas des individus, encore moins des écrivains ; ce sont des enfants sauvages.

Muets, fous, ou les deux.

L'individu moderne se déplace dans une tension permanente entre désir de liberté et besoin de liens. Le terrain du genre romanesque est justement cette tension, et les innombrables histoires qu'elle engendre.

*

Dans *Diary of a Bad Year* (Journal d'une mauvaise année) de J. M. Coetzee, auteur sud-africain installé depuis quelques années en Australie, un écrivain septuagénaire fait le bilan assez négatif de sa vie.

"Les scènes de foules en liesse, écrit-il après avoir regardé un match de cricket à la télévision, me laissent entrevoir à côté de quoi je suis passé dans la vie, ce dont je me suis exclu en persistant à être le genre de créature que je suis : la joie d'appartenir à une collectivité, de m'y sentir chez moi, d'être emporté par les courants d'une émotion collective. Quel aveu pour un homme né en Afrique, où la foule est la règle, et la solitude, l'aberration ! Jeune homme, je ne me suis jamais permis de douter un seul instant que l'art vrai ne pouvait émerger que d'un soi désengagé de la foule et critique à son égard."

Personne ne résoudra jamais cette contradiction (et heureusement, sans quoi le roman disparaîtrait) : pour pratiquer leur art, les romanciers doivent connaître le monde, et se retrancher de lui.

"L'art qui est effectivement sorti de ma main a, d'une manière ou d'une autre, exprimé et même exalté ce désengagement, ajoute le personnage de Coetzee. Mais ç'aura été quel genre d'art, en fin de compte ? Un art dépourvu de ce que les Russes appellent la grandeur d'âme, manquant de générosité, échouant à célébrer la vie, manquant d'amour."

Bien des romans européens contemporains, acharnés à clamer la solitude de l'individu et à déplorer sa mortalité, sont semblablement dépourvus de grandeur d'âme.

*

Le roman *Mister Pip*, du Néo-Zélandais Lloyd Jones, nous montre en quoi les fictions romanesques peuvent être source d'éthique et de quelle manière elles peuvent nous aider à vivre.

C'est l'histoire d'un groupe d'enfants aborigènes dans une île au large de la

Nouvelle-Zélande, pendant une période de désordres politiques. Le village est menacé, la vie quotidienne est tellement perturbée que toutes les écoles ont été fermées.

Un beau jour, le seul Blanc restant au village, un certain Mr. Watts (surnommé "Bel Œil" en raison de ses yeux exorbités), décide de rouvrir l'école abandonnée dans la brousse et se met à lire tout haut, devant les enfants médusés, *Les grandes espérances* de Charles Dickens.

Dès le premier jour, il met le grand romancier anglais à leur portée en comparant son travail à celui de notre première fiction à tous : notre prénom. "Personne, dans toute la courte histoire de votre vie, leur dit-il, n'a utilisé la même voix que vous pour prononcer votre prénom. Cela vous appartient. C'est un cadeau très spécial, que personne ne peut jamais vous dérober. C'est cela qu'a utilisé notre ami et collègue Mr. Dickens pour bâtir ses personnages."

Matilda (treize ans), la jeune narratrice du livre, est bientôt obnubilée par Pip, le héros de Dickens. Cela contrarie sa mère, Dolorès, qui craint que toutes ces histoires "fausses" ne viennent révoquer en doute les "vérités" qu'elle a plantées dans la tête de sa fille depuis sa naissance. Ces vérités sont essentiellement au nombre de deux : l'arbre généalogique de leur famille et le récit des Evangiles.

"Le soir, ma maman gardait un silence inquiet. (...) Elle m'a demandé si nous autres enfants avions jamais entendu de Bel Œil la parole du Seigneur. «Mr. Watts ne se sert pas de la Bible», lui ai-je dit. Elle a laissé ma réponse flotter dans l'air, comme si elle mettait en danger notre sécurité même. Puis elle est revenue à son autre préoccupation : me faire réciter les noms des parents et poissons et oiseaux de notre arbre familial. J'ai échoué lamentablement. Je ne voyais aucune raison de les apprendre, alors que je connaissais le nom de chaque personnage que j'avais rencontré dans *Les grandes espérances* parce que je les avais entendus parler. Ils avaient partagé leur pensée avec moi, et parfois, pendant que Mr. Watts lisait tout haut, je voyais même leur visage. Pip, Miss Havisham et Joe Gargery faisaient plus partie de ma vie que mes ancêtres morts ou même que les gens autour de moi."

Et la petite Matilda de s'interroger : "Que me vaut de savoir quelques faits épars et incertains au sujet d'ancêtres morts quand je peux savoir tout ce qu'il y a à savoir au sujet d'une personne inventée comme Pip ?"

Voilà la question centrale du beau roman de Jones : quelle est la différence de statut entre tous ces êtres fictifs qui nous habitent : ancêtres, personnages de récits religieux, héros de roman ?

La mère de Matilda tient absolument à ce que le religieux prime sur le romanesque : "Ce soir-là elle m'a demandé si je croyais au diable. Bêtement j'ai répondu que non. Elle m'a demandé pourquoi – après tout ce qu'elle m'avait raconté au sujet du diable –, alors j'ai récité devant elle les mots de Mr. Watts, je lui ai dit que le diable était un symbole, qu'il n'était pas de la chair vivante. «Pip non plus», me rétorqua-t-elle. Mais j'avais ma réponse toute prête. «On ne peut pas entendre la voix du diable. Celle de Pip, si.»"

Furieuse, Dolorès accompagne sa fille à l'école le lendemain pour interpeller le professeur. "«Ma fille, ma merveilleuse Matilda, commença-t-elle, me dit qu'elle ne croit pas au diable. Elle croit en Pip.» (...) «Eh bien, Dolorès, dit calmement Mr. Watts. Si on disait que, sur la page, Pip et le diable ont le même statut ?»"

Dolorès fait tout ce qu'elle peut pour dévaloriser le professeur aux yeux de sa fille. "«Pourquoi tu te tournes vers un homme ignorant et dangereux comme maître ? Voilà comme le monde est devenu fou. Il sait construire une maison, ton Mr. Watts ? Il sait ramer jusqu'au récif au coucher du soleil et surprendre un banc de perroquets de mer ? Ton Mr. Watts dépend des autres âmes pour se nourrir, lui-même et sa femme. Il n'est rien tout seul.»

Autrefois, dit Matilda, je me serais éloignée de son attaque contre Mr. Watts – maintenant je l'écoutais. Dans ses moqueries, j'entendais Estella."

A cet instant précis – quand elle perçoit la ressemblance entre un personnage de Dickens et sa propre mère, et décide pour cette raison de continuer à écouter celle-ci – Matilda montre qu'elle a compris l'art du roman.

C'est cela : les personnages des romans, à l'instar de ceux des récits religieux mais de façon bien plus complexe, nous fournissent des modèles et des anti-modèles de comportement. Ils nous donnent de la distance précieuse par rapport aux êtres qui nous entourent, et – plus important encore – par rapport à nous-mêmes. Ils nous aident à comprendre que nos vies sont des fictions – et que, du coup, nous avons le pouvoir d'y intervenir, d'en modifier le cours.

Pourquoi Pip est-il tellement important aux yeux de la petite Matilda ? Justement parce que, comme le héros de Coetzee pendant sa jeunesse africaine, elle vit dans un monde où le *je* a du mal à exister, où le *nous* est dominant pour ne pas dire écrasant. Pip est le premier individu dont elle fait la connaissance, le premier être humain décidé à suivre son chemin en le définissant lui-même.

Elle demande à Mr. Watts pourquoi le jeune héros a choisi de changer de nom, et voici sa réponse : "Pip est un orphelin. Il est comme un émigrant. Il est en train de migrer d'un niveau de la société à un autre. Un changement de nom vaut autant qu'un changement d'habits. C'est pour l'aider à avancer sur son chemin. (...) Pip est humain. On lui a donné l'occasion de se transformer en la personne qu'il veut être. Il est libre de choisir. Il est même libre de faire de mauvais choix."

Bien des années plus tard, ayant quitté son île natale et décroché un diplôme universitaire à Brisbane, où elle a rédigé sa thèse sur Charles Dickens, Matilda rencontre la première épouse de Mr. Watts, écoute son histoire, et se rend compte qu'elle ignorait bien des facettes de ce professeur qu'elle admirait tant.

"Sans doute est-ce possible d'être toutes ces choses, se dit-elle. De basculer en quelque sorte d'une identité vers une autre, et aussi de remonter vers un sentiment de soi essentiel. On ne voit que ce qu'on voit. Je n'ai aucune idée de l'homme que connaissait June Watts. Je ne connais que l'homme qui nous a pris par la main, nous autres gamins, et nous a appris à réimaginer le monde, à voir la possibilité de changement, et à accueillir cette possibilité dans notre vie. Ton bateau pouvait arriver à n'importe quel moment, et ce bateau pouvait prendre toutes sortes de formes."

Admirable résumé de l'utilité du roman.

Au lieu de dire, comme les récits traditionnels : *Voici comment est le monde, depuis toujours et pour toujours*, il dit : *On ne voit que ce qu'on voit*.

Partant – la phrase est suffisamment riche pour mériter répétition –, il nous apprend *à réimaginer le monde, à voir la possibilité de changement, et à accueillir cette possibilité dans notre vie*.

*

Donc : aucune frontière étanche entre "vraie vie" et fiction ; chacune nourrit l'autre et se nourrit de lui.

L'on ne parvient à agir et à comprendre que grâce à l'identification, au décalage, au recul, à la simplification et à l'essentialisation, à la ressemblance et à la représentation... bref, grâce au masque.

La *persona* est tout bonnement la façon humaine d'être au monde.

X

POURQUOI LE ROMAN

> *Ils jetèrent les livres par terre, les piétinant et les déchirant sous mes yeux. (...) Et je leur dis de ne pas les déchirer car une multitude de livres n'est jamais dangereuse, mais un livre seul est dangereux ; et je leur dis de ne pas les déchirer car la lecture de nombreux livres mène à la sagesse et la lecture d'un seul à l'ignorance armée de folie et de haine.*
>
> DANILO KIŠ

LE ROMAN ne peut naître que là où la survie est garantie. Dès que leur survie est en jeu, les humains ont tendance à adhérer sans réserve aux fictions qui sous-tendent et renforcent leur identité.

Les pays où les individus ont le droit de retravailler les fictions identitaires reçues – le droit de changer de religion, de parti politique, d'opinion, voire de sexe – sont aussi les pays où sont écrits et lus des romans.

La littérature : quitter l'Arché-texte. Dépasser les récits primitifs.

Etre primitif, c'est coller à son identité comme à une réalité inamovible et s'identifier exclusivement à ceux qui vous ressemblent.

L'Allemagne nazie et la Russie stalinienne étaient des pays primitifs. Ils imposaient une adhésion à l'Arché-texte et brûlaient ou bannissaient les récits qui s'en éloignaient trop.

A certains égards, l'Amérique contemporaine se comporte comme un pays primitif.

Par bonheur, elle a d'excellents romanciers.

Par malheur, moins d'un Américain sur deux lit un roman par an.

Les non-lecteurs sont potentiellement dangereux, car faciles à manipuler par les Eglises, les Etats, les médias, etc.

Tant dans son émergence historique que dans sa consommation courante, le roman est inséparable de l'individu. Il est intrinsèquement *civilisateur.*

(Soit dit entre parenthèses : il se pourrait bien qu'en Occident les femmes soient plus civilisées que les hommes. Non seulement parce qu'elles lisent nettement plus de romans qu'eux, mais parce qu'elles apprennent tôt, grâce à cette lecture, à voir le monde [et à se voir elles-mêmes] à travers les yeux des autres [les hommes !].)

A la faveur de la lecture, et de l'identification qu'elle permet aux *personnages* d'époque, de milieu, de culture autres, l'on parvient à prendre du recul par rapport à son identité reçue. Partant, l'on devient plus à même de déchiffrer d'autres cultures, et de s'identifier aux *personnes* les composant.

Les fictions volontaires (histoires) d'un peuple donnent, mieux que leurs fictions involontaires (Histoire), accès à la réalité de ce peuple.

Comme le terrorisme n'est ni plus ni moins que le résultat de mauvaises fictions, ce que nos gouvernements devraient faire, au lieu de fabriquer toujours plus d'armements, c'est, dans les pays où il sévit, favoriser l'éducation, et promouvoir par tous les moyens possibles la traduction, la publication et la distribution des chefs-d'œuvre de la littérature mondiale.

Rien ne pourrait être plus important, ni plus utile.

Plus on se croit réaliste, plus on ignore ou rejette la littérature comme un luxe auquel on n'a pas droit, ou comme une distraction pour laquelle on est trop occupé, plus on est susceptible de glisser vers l'Arché-texte, c'est-à-dire dans la véhémence, la violence, la criminalité, l'oppression de ses proches, des femmes, des faibles, voire de tout un peuple.

Cela vaut autant pour les PDG des grandes sociétés, les vendeurs d'armes multimilliardaires, les hommes politiques aux ambitions grandioses… que pour les petits caïds des banlieues ou les islamistes complotant fiévreusement dans les capitales européennes.

Tous ces individus ont en commun une chose importante : ils n'ont pas le temps de lire.

*

Dans la République utopique imaginée par Platon, seuls les Gardiens auraient eu accès à la vérité. Pour se comporter de façon sensée, disait le philosophe, les masses ont besoin qu'on leur raconte des bobards (par exemple, que les humains se divisent naturellement en groupes nommés Or, Argent et Cuivre, aux destinées différentes).

Je dis, au contraire : L'élite ne doit plus avoir le monopole des bonnes fictions. Elle a le devoir de les partager et de les propager le plus largement possible.

Concrètement, cela veut dire : à l'école, ne plus se contenter d'inculquer aux enfants le "canon" de leur pays, en magnifiant la littérature nationale par patriotisme et en la massacrant par l'analyse.

Mais : apprendre aux enfants à se passionner pour la lecture tout court. Leur donner le désir – et la capacité – de dévorer la littérature du monde entier.

S'ils ne voient pas en quoi lire nous fait du bien, ils ne s'y intéresseront pas ; nous avons donc intérêt à savoir en quoi lire nous fait du bien.

Vrai : de mauvais romans, cela existe ! Des romans racistes, nationalistes, manichéens, mièvres, ennuyeux, prétentieux, nocifs, voire abjects…

Vrai : même les bons romans peuvent être mal lus. L'assassin de John Lennon, semblerait-il, a cru déchiffrer l'ordre de commettre ce crime dans *L'attrape-cœur* de J. D. Salinger…

Vrai : un grand romancier peut devenir un individu infect, raciste, amoureux du meurtre (Céline)…

Vrai : on peut avoir lu des centaines de romans et être amené, face à l'extrême, à tuer un enfant ou à recommander l'utilisation de la torture…

Vrai : dès qu'un groupe se sent menacé, il a tendance à se resserrer, à retrouver ses réflexes grégaires primitifs et à ânonner l'Arché-texte. Ainsi les médias américains, même les plus nobles, après le 11 Septembre.

Il n'empêche : les caractéristiques du roman – sa façon de mettre en scène la tension entre individu et société, entre liberté et déterminisme, sa manière d'encourager l'identification à des êtres qui ne nous ressemblent pas – lui permettent de jouer un rôle éthique.

*

Depuis quelque temps, dans nos sociétés, la méfiance vis-à-vis de “la fiction” va croissant. On ne veut plus “s’en laisser conter”. Oubliant commodément toutes les fictions que nous avalons sans le savoir, et qui nous constituent, l’on exige désormais que, dans les produits culturels aussi, tout soit “vrai”.

D’où, dans la littérature contemporaine, la popularité du genre “autofiction”. Ceux qui persistent à se considérer comme des romanciers, et à présenter leurs œuvres comme des romans, sont sommés d’“avouer” : allez, voyons, ce personnage c’est bien vous-même, n’est-ce pas ? et celui-ci, votre père ! Tout cela n’est que l’histoire de votre propre vie, légèrement travestie…

Or ce que le lecteur doit chercher à reconnaître dans les personnages d’un roman, ce n’est pas l’auteur. C’est lui-même.

Du côté de l’image, cela aboutit à la “téléréalité”, où l’on se sert d’êtres humains vivants comme de personnages pour tricoter des fictions simplistes et rassurantes, où chaque spectateur pourra reconnaître sans peine les postures psychologiques les plus basiques de notre espèce : jalousie, cupidité, déception, orgueil, humiliation, colère...

Affligeant appauvrissement... alors que la mission de l'art est non d'appauvrir mais d'enrichir ; non de transcrire telle quelle la matière brute de l'existence humaine, mais, en la réfractant à travers une ou plusieurs consciences particulières, de nous aider à la comprendre.

*

La question de la détenue, au départ de ce livre – "A quoi sert d'inventer des histoires alors que la réalité est déjà tellement incroyable ?" –, implique que le but de la littérature serait de nous surprendre, de nous "en mettre plein la vue", de nous sidérer, nous impressionner, nous éblouir.

Seule la mauvaise littérature, ou les paralittératures, se fixent ce but-là.

De façon générale, le but de l'art romanesque n'est pas de faire plus fort que la réalité, de la battre au jeu de l'incroyable.

Car rien ne peut battre la réalité humaine. Ses délires. Son ingéniosité stupéfiante, dans la cruauté comme dans la grâce.

Ce que l'art romanesque peut faire, en revanche, c'est nous donner *un autre point de vue* sur ces réalités. Nous aider à les mettre à distance, à les décortiquer, à en voir les ficelles, à en critiquer les fictions sous-jacentes.

Quand on lit en prison une nouvelle contemporaine pour en discuter ensuite, deux choses surprennent les détenus : 1° qu'il soit possible de parler passionnément pendant deux heures des motivations de gens qui n'existent pas ; et 2° que, le plus souvent, la fin de l'histoire ne ressemble pas à une fin ; la boucle n'est pas bouclée, le lecteur est en quelque sorte "laissé en plan" ; du coup, le sens de la nouvelle est à chercher non dans son dénouement mais dans son déroulement… tout comme le Sens de la vie.

Quelles sont les fictions ayant déterminé la "réalité incroyable" des femmes enfermées à Fleury-Mérogis ? De quels délires ont-elles été l'objet ou le sujet ?

Fables d'amour (jalousies, violences conjugales débouchant sur le meurtre), fables de la perfection maternelle (conduisant à l'infanticide), fables politiques ou religieuses (les incitant à poser des bombes), fables sur le bonheur qui serait à chercher dans l'argent ou la drogue…

Voici ce que j'ai donc avancé comme ébauche de réponse à la bouleversante question de la détenue : *C'est parce que la réalité humaine est gorgée de fictions involontaires ou pauvres qu'il importe d'inventer des fictions volontaires et riches.*

Car au lieu de s'avancer masquée, comme les millions d'autres fictions qui nous entourent, nous envahissent et nous définissent, la littérature annonce la couleur : *Je suis une fiction*, nous dit-elle ; aimez-moi en tant que telle. Servez-vous de moi pour éprouver votre liberté, repousser vos limites, découvrir et animer votre propre créativité. Suivez les méandres de mes personnages et faites-les vôtres, laissez-les agrandir votre univers.

Rêvez-moi, rêvez avec moi, n'oubliez jamais le rêve.

Notre esprit se met dans les pas de l'auteur, apprend à entendre la musique spécifique de ses mots et, peu à peu, si la magie fonctionne, il décolle, se met à voler, et finit par *participer* à cette prérogative divine qu'est la création. Oui, par la littérature, il nous est loisible d'expérimenter la part du divin qui se trouve en chacun de nous (et nulle part ailleurs !). Par elle, en secret, en silence, de façon éphémère mais très réelle, nous devenons des dieux.

En plus, au moins provisoirement, nous devenons meilleurs ! En effet, tout bon roman est aussi une plaidoirie éthique… mais d'un type particulier.

Contrairement à nos fictions religieuses, familiales et politiques, la fiction littéraire ne nous dit pas où est le bien, où le mal. Sa mission éthique est autre : nous montrer la *vérité* des humains, une vérité toujours mixte et impure, tissée de paradoxes, de questionnements et d'abîmes. (Dès qu'un auteur nous assène sa vision du bien, il trahit sa vocation romanesque et son livre devient mauvais.)

Là où notre vie en société nous incite à prononcer des jugements tranchés, à nous ranger du côté de ceux que nous approuvons et à qui nous ressemblons, le roman nous ouvre à un univers moral plus nuancé. Aux antipodes des Archétextes, il nous aide à écouter la vraie musique du monde, qui n'est ni paradisiaque harmonie des sphères, ni cacophonie infernale.

Absorbés dans la lecture d'un roman, nous sommes plus moraux que lorsque nous agissons en citoyens, en parents, en époux ou en fidèles d'une Eglise. Tous les événements se déroulant dans le secret de notre âme, nous ne sommes pas menacés par ces êtres verbaux que sont les personnages. Nous les écoutons, souvent, avec plus de tolérance, de curiosité et de bienveillance que les êtres de chair et de sang qui nous entourent – et non seulement nous leur pardonnons leurs faiblesses, nous leur en savons gré !

Quand on rencontre dans un roman un "méchant" (criminel, fanatique religieux, hystérique castratrice, parent violent, etc.), notre souci est non de le condamner mais de le comprendre, de laisser se développer en nous son histoire et de voir en quoi il peut nous ressembler.

En se présentant comme une fiction, en nous permettant de la *choisir*, la littérature nous dégage, un temps, des obligations et contraintes des innombrables fictions *subies*. Elle nous fait le cadeau d'une réalité qui, tout en étant reconnaissable, est en même temps autre : plus précise, plus profonde, plus intense, plus pleine, plus durable que la réalité au-dehors. Dans le meilleur des cas, elle nous donne des forces pour retourner dans cette réalité-là et la lire, elle aussi, avec plus de finesse…

Peut-être même sera-t-on amené, cela s'est vu, à agir dessus.

*

Combien de fois a-t-on entendu cette antienne : "Regardez, Mao connaissait bien la poésie classique chinoise ! Staline adorait la musique classique ! Les nazis s'extasiaient devant la poésie et l'opéra le week-end et assassinaient en masse les jours de semaine !"

Tout cela est vrai, et perturbant. Mais un roman n'est ni un poème ni un opéra. La poésie se lit certes dans la solitude mais ne raconte pas d'histoires : elle cerne des *instants*, des *états* d'âme et du monde ; l'opéra, lui, raconte des histoires mais se vit de façon collective, tant sur scène que dans la salle. Comme le cinéma, il encourage, souvent par le truchement de la musique, des émotions partagées.

Seul le roman combine ces deux éléments que sont la *narration* et la *solitude*. Il épouse la narrativité de chaque existence humaine, mais, tant chez l'auteur que chez le lecteur, exige silence et isolement, autorise interruption, réflexion et reprise.

Théâtre et cinéma peuvent solliciter eux aussi notre empathie pour des êtres dissemblables, lutter contre le manichéisme par la nuance, nous inciter à nous éloigner de l'éthique de l'identité pour accéder à celle de l'identification. Mais seul le roman se déroule exclusivement au plus intime de notre être, à savoir dans notre cerveau. Partant, il nous fait entrer dans le cerveau des autres et nous rend témoins – comme dans la passion de la petite Matilda pour Mr. Pip – de leurs pensées et doutes, leurs frayeurs et contradictions, leurs souvenirs et espoirs…

L'empathie narrative : voilà, entre moi et la détenue, le territoire d'égalité et de pensée réciproque. Seule de tous les arts, la littérature nous permet d'*explorer l'intériorité d'autrui.*

C'est là son apanage souverain, et sa valeur. Inestimable, irremplaçable.

*

Il n'est ni possible ni souhaitable d'éliminer les fictions de la vie humaine. Elles nous sont vitales, consubstantielles. Elles créent notre réalité et nous aident à la supporter. Elles sont unificatrices, rassurantes, indispensables. On a vu qu'elles servaient au meilleur comme au pire. Aux génocides comme à la *Chaconne en sol mineur pour violon seul* de Johann Sebastian Bach.

Tout ce que l'on peut faire, c'est essayer d'en choisir des riches et belles, des complexes et des nuancées, par opposition aux simples et brutales.

Schopenhauer et les nombreux écrivains de l'Europe moderne qui, ouvertement ou non, ont adopté sa philosophie nihiliste, de Cioran à Bernhard et de Houellebecq à Jelinek, ont tous vécu, jeunes, dans une fiction forte et contraignante (religieuse ou politique). Ayant compris plus tard que Paradis, Enfer et Avenir radieux étaient des sornettes, que le Sens de l'existence humaine n'était déterminé ni par Dieu ni par l'Histoire, ils en ont conclu qu'elle n'en avait pas, qu'elle n'était que tragédie, horreur et dérision, et se sont mis à déblatérer *contre* la vie en tant que telle.

Cela est absurde.

La vie a des Sens infiniment multiples et variés : tous ceux que nous lui prêtons.

Notre condition, c'est la fiction ; ce n'est pas une raison de cracher dessus.

A nous de la rendre intéressante.

SOURCES

J. Améry, *Par-delà le crime et le châtiment* (1966), tr. fr. Françoise Wuilmart, Actes Sud, 1995.

Anonyme, *Une femme à Berlin. Journal 20 avril - 22 juin 1945*, Gallimard, 2006.

A. Ashforth, *Witchcraft, Violence and Democracy in South Africa*, University of Chicago Press, Chicago, 2005.

S. Auffret, *Des couteaux contre des femmes*, Editions des femmes, 1983.

S. Blackmore, *The Meme Machine*, Oxford University Press, Oxford, 1999.

– *Consciousness : A Very Short Introduction*, Oxford University Press, Oxford, 2005.

R. Bodei, *La sensation du déjà vu*, Seuil, 2007.

J.-C. Carrière, *Tous en scène*, Odile Jacob, 2007.

J. M. Coetzee, *Diary of a Bad Year*, Text Publishing, Melbourne, 2007.

A. R. Damasio, *Le Sentiment même de soi : corps, émotion, conscience*, Odile Jacob, 1999.

– *Looking for Spinoza : Joy, Sorrow and the Feeling Brain*, Harcourt, New York, 2003.

D. C. Dennett, *Consciousness Explained*, Penguin Books, New York et Londres, 1993.
J. Diamond, *The Rise and Fall of the Third Chimpanzee*, Vintage, New York, 2002.
F. Flahault, "Récits de fiction et représentations partagées", in *L'Homme*, n° 175-176, 2005.
– et N. Heinich, "La fiction, dehors, dedans", *ibid*.
R. Gary, *Une éducation européenne*, Gallimard, 1945.
– *Les racines du ciel*, Gallimard, 1956.
– *Adieu Gary Cooper*, Gallimard, 1969.
– *Europa*, Gallimard, 1972.
– *La vie devant soi*, Mercure de France, 1975.
– *Pseudo*, Mercure de France, 1976.
– *Vie et mort d'Emile Ajar*, Gallimard, 1981.
M. Gazzaniga, *Le cerveau social* (1985), Odile Jacob, 1996.
A. Hirsi Ali, *Ma vie rebelle*, Nil, 2006.
S. Jacob, *Histoires de s'entendre*, Boréal, Montréal, 2008.
L. Jones, *Mister Pip*, Text Publishing, Melbourne, 2006.
M. Jouvet, *Le sommeil et le rêve* (1992), Odile Jacob, 2000.
D. Kennedy, *In God's Country : Travels in Bible Belt, USA*, Abacus, Londres, 2004.
D. Kiš, *Un tombeau pour Boris Davidovitch*, Gallimard, 1979.
T. Kozakaï, *L'étranger et l'identité : essai sur l'intégration culturelle*, Petite bibliothèque Payot, 2007.
M. Minsky, *The Society of Mind*, Simon & Schuster, New York, 1985-1987.

L. Naccache, *Le nouvel inconscient : Freud, Christophe Colomb des neurosciences*, Odile Jacob, 2007.

H. Nyssen, “Mais à quoi donc sert la littérature ?” communication orale, université de Liège (Belgique), 17 septembre 2007.

P. Pachet, *Devant ma mère*, Gallimard, 2007.

J. Rouaud, *L'imitation du bonheur*, Gallimard, 2006.

C. Salmon, *Storytelling*, La Découverte, 2007.

R. C. Schank, *Tell Me a Story*, Scribner's, New York, 1990.

T. Todorov, *Nous et les autres*, Seuil, 1989.

– *Mémoire du mal, tentation du bien*, Laffont, 2000.

F. de Waal, *Le singe en nous* (2005), Fayard, 2006.

D. W. Winnicott, *Jeu et réalité* (1971), Gallimard Folio, 1975.

*

Ma réflexion pour ce livre a également été nourrie par des conversations avec Yann Apperry, Chloé Baker, Catherine David, François Flahault, Hervé Matras, Mihai Mangiulea, Karine et Lionel Naccache, Michel Rostain, Katia Salomon, et, *last but not least*, Tzvetan Todorov. Qu'ils en soient ici remerciés.

TABLE

DU MÊME AUTEUR

ROMANS, RÉCITS, NOUVELLES

LES VARIATIONS GOLDBERG, romance, Seuil, 1981 ; Babel n° 101.

HISTOIRE D'OMAYA, Seuil, 1985 ; Babel n° 338.

TROIS FOIS SEPTEMBRE, Seuil, 1989 ; Babel n° 388.

CANTIQUE DES PLAINES, Actes Sud/Leméac, 1993 ; Babel n° 142 ; "Les Inépuisables", 2013.

LA VIREVOLTE, Actes Sud/Leméac, 1994 ; Babel n° 212.

INSTRUMENTS DES TÉNÈBRES, Actes Sud/Leméac, 1996 ; Babel n° 304.

L'EMPREINTE DE L'ANGE, Actes Sud/Leméac, 1998 ; Babel n° 431.

PRODIGE, Actes Sud/Leméac, 1999 ; Babel n° 515.

LIMBES/LIMBO, Actes Sud/Leméac, 2000.

DOLCE AGONIA, Actes Sud/Leméac, 2001 ; Babel n° 548.

UNE ADORATION, Actes Sud/Leméac, 2003 ; Babel n° 650.

LIGNES DE FAILLE, Actes Sud/Leméac, 2006 ; Babel n° 841.

INFRAROUGE, Actes Sud/Leméac, 2010 ; Babel n° 1112.

DANSE NOIRE, Actes Sud/Leméac, 2013 ; Babel n° 1316.

BAD GIRL. CLASSES DE LITTÉRATURE, Actes Sud/Leméac, 2014 ; Babel n° 1379.

LE CLUB DES MIRACLES RELATIFS, Actes Sud/Leméac, 2016 ; Babel n° 1495.

SENSATIONS FORTES, "Essences", Actes Sud/Leméac, 2017.

LIVRES POUR LE JEUNE PUBLIC

VÉRA VEUT LA VÉRITÉ (avec Léa), École des loisirs, 1992.

DORA DEMANDE DES DÉTAILS (avec Léa), École des loisirs, 1993 ; réédité en un volume avec le précédent, 2013.

LES SOULIERS D'OR, Gallimard, "Page blanche", 1998.

ULTRAVIOLET, Thierry Magnier, 2011 ; repris dans une édition avec CD (avec Claude Barthélémy), 2013.

PLUS DE SAISONS !, Thierry Magnier, 2014.

CD

PÉRÉGRINATIONS GOLDBERG (avec Freddy Eichelberger et Michel Godard), Naïve, 2001.

LE MÂLE ENTENDU (avec Edouard Ferlet, Fabrice Morel et Jean-Philippe Viret), Mélisse, 2011.

ESSAIS

JOUER AU PAPA ET À L'AMANT, Ramsay, 1979.

DIRE ET INTERDIRE. ÉLÉMENTS DE JUROLOGIE, Payot, 1980 ; Petite bibliothèque Payot, 2002.

MOSAÏQUE DE LA PORNOGRAPHIE, Denoël, 1982 ; Payot, 2004.

À L'AMOUR COMME À LA GUERRE. CORRESPONDANCE (en collaboration avec Samuel Kinser), Seuil, 1984.

LETTRES PARISIENNES. AUTOPSIE DE L'EXIL (en collaboration avec Leïla Sebbar), Bernard Barrault, 1986 ; J'ai lu n° 5394.

JOURNAL DE LA CRÉATION, Seuil, 1990 ; Babel n° 470.

TOMBEAU DE ROMAIN GARY, Actes Sud/Leméac, 1995 ; Babel n° 363.

DÉSIRS ET RÉALITÉS. TEXTES CHOISIS 1978-1994, Leméac/Actes Sud, 1995 ; Babel n° 498.

NORD PERDU suivi de *DOUZE FRANCE*, Actes Sud/Leméac, 1999 ; Babel n° 637.

ÂMES ET CORPS. TEXTES CHOISIS 1981-2003, Leméac/Actes Sud, 2004 ; Babel n° 975.

PROFESSEURS DE DÉSESPOIR, Leméac/Actes Sud, 2004 ; Babel n° 715.

PASSIONS D'ANNIE LECLERC, Actes Sud/Leméac, 2007.

L'ESPÈCE FABULATRICE, Actes Sud/Leméac, 2008.

REFLETS DANS UN ŒIL D'HOMME, Actes Sud/Leméac, 2012 ; Babel n° 1200.

CARNETS DE L'INCARNATION, Leméac/Actes Sud, 2016.

SOIS FORT suivi de *SOIS BELLE*, Éditions Parole, 2016.

ANIMA LAÏQUE (livre-CD, avec Quentin Sirjacq), Actes Sud, 2017.

THÉÂTRE

ANGELA ET MARINA (en collaboration avec Valérie Grail), Actes Sud-Papiers/Leméac, 2002.

UNE ADORATION (adaptation théâtrale de Lorraine Pintal), Leméac, 2006.

MASCARADE (avec Sacha), Actes Sud Junior, 2008.

JOCASTE REINE, Actes Sud/Leméac, 2009.
KLATCH AVANT LE CIEL, Actes Sud-Papiers/Leméac, 2011.

LIVRES EN COLLABORATION AVEC DES ARTISTES

TU ES MON AMOUR DEPUIS TANT D'ANNÉES (avec des dessins de Rachid Koraïchi), Thierry Magnier, 2001.
VISAGES DE L'AUBE (avec des photographies de Valérie Winckler), Actes Sud/Leméac, 2001.
LE CHANT DU BOCAGE (en collaboration avec Tzvetan Todorov, avec des photographies de Jean-Jacques Cournut), Actes Sud, 2005.
LES BRACONNIERS D'HISTOIRES (avec des dessins de Chloé Poizat), Thierry Magnier, 2007.
LISIÈRES (avec des photographies de Mihai Mangiulea), Biro Éditeur, 2008.
DÉMONS QUOTIDIENS (avec des dessins de Ralph Petty), L'Iconoclaste/Leméac, 2011.
EDMUND ALLEYN OU LE DÉTACHEMENT (avec des lavis d'Edmund Alleyn), Leméac/Simon Blais, 2011.
TERRESTRES (avec des reproductions d'œuvres de Guy Oberson), Actes Sud/Leméac, 2014.
LA FILLE POILUE (avec des aquarelles et des dessins de Guy Oberson), Les éditions du Chemin de fer, 2016.
POSER NUE (avec des aquarelles et des dessins de Guy Oberson), Les éditions du Chemin de fer, 2017.

TRADUCTIONS

Jane Lazarre, *SPLENDEUR (ET MISÈRES) DE LA MATERNITÉ*, L'Aube, 2001 (d'abord paru sous le titre *LE NŒUD MATERNEL*, 1994).
Eva Figes, *SPECTRES*, Actes Sud/Leméac, 1996.
Ethel Gorham, *MY TAILOR IS RICH*, Actes Sud, 1998.
Göran Tunström, *UN PROSATEUR À NEW YORK*, Actes Sud/Leméac, 2000.
Göran Tunström, *CHANTS DE JALOUSIE* (poèmes traduits en collaboration avec Lena Grumbach), Actes Sud/Leméac, 2007.
Karen Mulhallen, *CODE ORANGE*, poèmes, édition bilingue, Black Moss (Toronto), 2015.
Chris Hedges, *LA GUERRE EST UNE FORCE QUI NOUS OCTROIE DU SENS*, Actes Sud, 2016.

BABEL

Extrait du catalogue

964. FRANS G. BENGTSSON
Orm le Rouge t. II

965. ALEXANDRE POUCHKINE
La Dame de pique

966. MURIEL CERF
La Petite Culotte

967. METIN ARDITI
La Fille des Louganis

968. MINH TRAN HUY
La Princesse et le Pêcheur

969. LYONEL TROUILLOT
L'amour avant que j'oublie

970. CÉCILE LADJALI
Les Souffleurs

971. AKI SHIMAZAKI
Hotaru

972. HENRY BAUCHAU
Le Boulevard périphérique

973. IMRE KERTÉSZ
Etre sans destin

974. ELIAS KHOURY
La Petite Montagne

974. NANCY HUSTON
Ames et corps

976. ALBERTO MANGUEL
Le Livre d'images

977. NINA BERBEROVA
L'Affaire Kravtchenko

978. JEAN-MICHEL RIBES
Batailles

979. LEÏLA SEBBAR
La Seine était rouge

980. RUSSELL BANKS
La Réserve

981. WILLIAM T. VOLLMANN
Central Europe

982. YÔKO OGAWA
Les Paupières

983. TIM PARKS
Rapides

984. ARNON GRUNBERG
L'Oiseau est malade

985. CHRISTIAN GOUDINEAU
Le Dossier Vercingétorix

986. KATARINA MAZETTI
Les Larmes de Tarzan

987. STEFANO BENNI
La Dernière Larme

988. IBN HAZM
Le Collier de la colombe

989. ABÛ-NUWÂS
Le Vin, le Vent, la Vie

990. ALICE FERNEY
Paradis conjugal

991. CLAUDIE GALLAY
Mon amour ma vie

992. ANTOINE PIAZZA
La Route de Tassiga

993. ASSIA DJEBAR
Nulle part dans la maison de mon père

994. LUIGI GUARNIERI
La Jeune Mariée juive

995. ALAIN BADIOU
La Tétralogie d'Ahmed

996. WAJDI MOUAWAD
Visage retrouvé

997. MAHASWETA DEVI
La Mère du 1084

998. DIETER HILDEBRANDT
Le Roman du piano

999. PIA PETERSEN
Une fenêtre au hasard

1000. DON DELILLO
L'Homme qui tombe

1001. WILFRIED N'SONDÉ
Le Cœur des enfants léopards

1002. CÉLINE CURIOL
Permission

1003. YU HUA
Brothers

1004. ALAA EL ASWANY
J'aurais voulu être égyptien

1005. RACHID EL-DAÏF
Qu'elle aille au diable, Meryl Streep !

1006. SIRI HUSTVEDT
Elégie pour un Américain

1007. A. J. JACOBS
L'année ou j'ai vécu selon la Bible

1008. DANIEL KEHLMANN
Gloire

Ouvrage réalisé
par l'atelier graphique Actes Sud.
Reproduit et achevé d'imprimer
en janvier 2022
par Normandie Roto Impression s.a.s.
61250 Lonrai
sur papier fabriqué à partir de bois provenant
de forêts gérées durablement (www.fsc.org)
pour le compte des éditions
Actes Sud
Le Méjan
Place Nina-Berberova
13200 Arles.

Dépôt légal
1re édition : mai 2010
N° impr.: 2200083
(Imprimé en France)